旬の素材を使い切る
懐かしいのに初めての味

かもめ食堂
野菜が美味しい
季節のおそうざい

船橋律子

はじめに

神戸から西脇に移住して、かもめ食堂の料理はどんな風に変わったか？とよく聞かれますが、「旬の野菜をふんだんに使って、親しみやすい料理にする」ということは変わっていません。

変わったことは、私の意識が、食べてもらうお客様だけではなく、生産者にも多く向くようになったこと。野菜や果物の産地が近くなったことで、その生産者の苦労や喜びも身近に感じられるようになりました。

だから、よりいっそう素材の味を生かして、丁寧に、大事に味わいたい、と思いながら料理しています。

本書では、私が野菜に向き合う日々から生まれた「野菜が主役の料理」をご紹介しています。

野菜にたっぷりの愛情を注いで作ると、美味しくでき上がります。

この本の決まりごと

どれも
身近で
手に入りやすい
調味料です

[材料の分量について]

◎小さじ1は5cc、大さじ1は15cc、1カップは200ccのことです。

◎野菜の分量は、いも類は皮つきのまま、それ以外は皮をむいたり、種を取ったりした後の正味の分量です。

[だし汁について]

◎だし汁は昆布とかつおでひいた、一番だしを使っています。

[調理器具について]

◎加熱調理の火加減はガスコンロ使用を基準にしています。

◎電子レンジは600Wのものを基準にしています。

◎フライパンはフッ素加工のものを使用しています。

[調味料について]

◎さとうは上白糖、酢は穀物酢、揚げ油はサラダ油を使用しています。

◎塩は素材全体にふりかける場合はさらさらの焼き塩を、それ以外は粗塩を使用しています。焼き塩がない場合は、粗塩を素材にふりかけて手でなじませても作れます。

◎しょうゆは特に記載がない場合は、濃口しょうゆを使用しています。

[下処理について]

◎野菜や果物は特に記載がない場合は、洗って皮をむき、根、種、わた、へた、筋などを取り除いて使用しています。

[共通マーク]

お弁当にも　冷めても美味しく、お弁当の一品にもおすすめのメニュー

常備菜　数日間日持ちして、時間が経っても美味しくいただけるメニュー

2 はじめに
3 この本の決まりごと
8 レッスン1 毎日の献立の組み合わせのコツ
10 レッスン2 お弁当作りのコツ

第1章 春夏秋冬 野菜が主役のレシピ

春の野菜

13 春の野菜
14 春野菜の味わい方と扱い方のコツ
〈たまねぎ〉
16 たまねぎメンチカツ
17 丸ごと新たまねぎのそぼろあん
18 豚肉とたまねぎの甘酢炒め
新たまねぎの卵とじ
〈キャベツ〉
19 お好み焼き風キャベツつくね
20 春キャベツの大豆そぼろあんかけ
21 キャベツとオレンジのカッテージチーズサラダ
キャベツのカレー煮浸し
〈じゃがいも〉
22 じゃがいもガレットの五目あんかけ
23 しゃきしゃきじゃがいものごまマヨサラダ
24 じゃがいもとのりのじゃこフライ
新じゃがと大葉のみそ煮
〈菜の花〉
25 菜の花とじゃがいものみそ炒め
26 菜の花とツナの炊き込みご飯
27 菜の花と明太子のホイル焼き
厚揚げの菜の花そぼろあん
28 column 西脇市と近郊の春
30 レッスン3 切り方次第で料理の印象が変わる ～野菜の切り方便利帖～

32 夏の野菜
34 夏野菜の味わい方と扱い方のコツ
〈かぼちゃ〉
36 チーズ入りかぼちゃのカレーコロッケ
37 豚こま団子とかぼちゃの煮物
38 そうめんかぼちゃの甘酢
かぼちゃとニラのナムル
〈ピーマン〉
39 丸ごとピーマンの煮浸し
40 ピーマンご飯
41 万願寺とうがらしのじゃこ炒め
ピーマンとツナのマカロニサラダ
〈なす〉
42 なすの揚げ浸し
43 なすのタイ風春雨サラダ
44 なすとピーマンのきんぴら
45 なすの茶碗蒸し
〈とうがん〉
46 とうがんと春雨のオイスターソース炒め
47 とうがん入りコーンスープ
とうがんの甘酢
48 column 西脇市と近郊の夏
51 秋の野菜
52 秋野菜の味わい方と扱い方のコツ
〈にんじん〉
54 豚肉とにんじんのごま炒め
55 にんじんとちくわのかき揚げ
56 にんじんの酢ナムル
にんじんと大豆のカレーマリネ
〈さつまいも〉
57 いかとさつまいもの煮物
58 さつまいもと白菜のミルクスープ
さつまいもとナッツのマッシュ
〈れんこん〉
59 鶏肉とれんこんの寄せカツ
60 れんこんと大豆の炊きおこわ
61 れんこんのカレーきんぴら
れんこんの粒マスタードマリネ

〈春菊〉
62 春菊とごぼうのメンチカツ
63 春菊とまいたけのポテトサラダ
64 春菊と卵の巾着煮
春菊とカマンベールチーズのナッツ和え
〈すだち〉
65 鶏のハニーすだちソテー
66 焼きさんまのすだちドレッシングサラダ
67 ベーコンときのこのすだちクリームスパゲティ
鶏と大根のすだち煮
68 column 西脇市と近郊の秋

70 冬の野菜
72 冬野菜の味わい方と扱い方のコツ
〈大根〉
74 大根とひき肉のトマト煮
75 鮭と大根の炊き込みご飯
76 大根けんちん煮
77 大根のべったら風
大根のから揚げ
〈カリフラワー〉
78 鶏とカリフラワーの甘酢あん
カリフラワーとたらこのスパゲティ
79 カリフラワーのチーズちぢみ
カリフラワーとたこのわさびドレッシング
〈白ねぎ〉
80 鮭とねぎの焼き南蛮
81 白ねぎのだし巻き卵
豚肉と白ねぎの重ね蒸し
〈かぶ〉
82 ゆで鶏とかぶのマカロニサラダ
83 かぶとセロリの浅漬け風
豚肉とかぶのカレー炒め
〈ごぼう〉
84 いわしとごぼうの梅煮
85 牛ごぼうカツ
ごぼうの青のり和え
86 column 西脇市と近郊の冬
88 味も見た目も懐かしい かもめ食堂のプリン

第2章
毎日のおかずをルーティンに
野菜かえるだけ
レシピ

91 肉巻き
照り焼き（ミニトマト・里いも）
フライ（オクラ・キャベツ）
蒸し（レタス・なす）
93 肉巻き断面カタログ
98 ドライカレー（たけのこ・なす・ごぼう）
102 春巻き（絹さや・菜の花・さつまいも）
106 手羽元スープ煮（とうもろこし・キャベツ・にんじん）
110 そぼろ煮（ズッキーニ・カリフラワー・長いも）
114 しゅうまい（セロリ・かぼちゃ・大根）

118 かもめ食堂のおせち
120 黒豆
たたきごぼう
121 紅白なます
田作り
122 えびの旨煮
錦たまご
123 鶏の八幡巻き煮
牛肉のたたき
124 栗きんとん
125 煮しめ

126 おわりに

レッスン1

毎日の献立の組み合わせのコツ

かもめ食堂の定食は、メイン料理1品、副菜3品、汁物、ご飯。あとは、自家製の保存食を添えたり、ちょっとした常備菜を加えたり。家のごはんもだいたい同じですが、副菜は煮物など、作りおきしているものを何品か組み合わせて、メインだけその日に作ることもあります。

お店でも家でも、献立を考える時に心掛けているのは、バランスのよい組み合わせにすること。ある日のメインが甘辛くやわらかい肉じゃがなら、副菜は歯応えのあるきゅうりの酢の物に。またメインがボリューム満点のメンチカツなら、副菜はきのこを使った、あっさりした煮物を添えて。甘辛い、酸っぱい、カレー風味などの味わい、シャキシャキ感やとろっとした舌触りなどの食感、そして、茶色や緑色、白、赤などの色合い。これらが偏らないように気をつけて組み合わせています。

〝今日はこれを作ろう〟とはじめに1品決めたら、バランスを意識して残りのメニューを決めていく。すると、調味料や食材も重なることなく、自然といろいろなものが食べられる献立ができ上がります。

がんばって何品も作っても、食べている途中で飽きてしまったり、食後に物足りなく感じてしまったら、あまりに残念。組み合わせのバランスさえ整っていれば、〝美味しかった〟という満足感に、きっとつながるはずです。

この日の献立メニュー

- 鶏肉とれんこんの寄せカツ
- 春菊とまいたけのポテトサラダ
- 大根けんちん煮
- かぶとセロリの浅漬け風
- ご飯　・みそ汁

主菜＆副菜に常備菜も加えて バランスの取れた献立に

満足感の決め手になるから、
味、食感、色が偏らないように、
さまざまなおかずを組み合わせていきます。

1 季節の野菜が味わえるおかずを2〜3品

メニューを決めるのは、いつも市場に並んでいる野菜と向き合いながら。今、どんな野菜が旬で美味しそうかを自分の目で確かめて選び、あれこれメニューを思い浮かべます。最近よく作るのは、野菜そのものの美味しさがしっかり味わえる料理。野菜1〜2種類で作れるおかずです。何品か組み合わせれば、全体の彩りもよくなります。

← 1章

2 「盛るだけ」の常備菜や保存食を活用して

季節の素材がたっぷり手に入ったら、その日の料理に使うだけでなく、煮物やナムルなど日持ちのする常備菜を作ったり、漬け物や佃煮など保存食を仕込んだり。献立の中では脇役ですが、あるのとないのとでは見た目も満足感も大違い。お皿に盛るだけの1品は、毎日の食卓をあっという間に豊かにしてくれるありがたい存在です。

常備菜

3 切り方の工夫で料理の印象に変化をつけて

素材の切り方は、料理のイメージを左右する大事な要素。同じメニューでも、切り方ひとつで見た目も味わいも大きく変わってきます。たとえばにんじんなら、歯応えを残したい時は大きくざくざくと切り、かわいらしく見せたい時は小さくコロコロした形に。その時々に、食べる人に合わせて厚みや細さなどを工夫できるのも、家のごはんならではです。

← p.30

4 調理法に強弱をつけて、和洋中を取り混ぜる

煮物、炒め物、揚げ物、和え物……。それぞれの調理法によって手間や時間は違います。家のごはんは、少し手間のかかるメニューとさっと手軽にできるメニューを組み合わせて、無理なく作れることが一番大事。もちろん、ハンバーグと酢の物、春巻きとマカロニサラダなど、和洋中の料理が混在していても大丈夫。むしろ、いろいろあるからこそ、毎日飽きずに美味しく味わえるのだと思います。

5 お気に入りのメニューは野菜をかえて楽しむ

春巻きやしゅうまい、手羽元のスープ煮など、大好きなメニューは野菜をどんどんかえて味わっています。作り方はワンパターンでも、野菜が違うと全く新しい美味しさに。一から別の料理を作るよりもずっと気軽にできるので、ぜひ試してみてください。同じ根菜類や葉物野菜の中から選んで、手頃な旬野菜を使って。新たな野菜で作る時は、いつもわくわくして楽しいです。

← 2章

レッスン 2

お弁当作りのコツ

家のごはんと違ってお弁当で注意しているのは、なるべく汁気が出ないように詰めること。水分があると傷みの原因になるので、煮物やマリネは汁気をしっかりきって入れたり、酢漬けなどは水分をぎゅっと絞って詰めるようにしています。使う素材も、たとえばかつおの削り節やすりごまなど、水分を吸収するようなものを活用。また、全体を油でコーティングするナムルなど、時間が経っても美味しく味わえるメニューを作ることも心掛けています。

神戸にお店があった頃は、五目きんぴらのような多種類の野菜を使ったおそうざいを販売していたので、お弁当にもその中から2～3品を選んで詰めていました。野菜の産地と近く旬の野菜が手に入りやすくなった今ではというと、たとえばにんじんだけ、ししとうだけ、なすだけを使うなど、1種類の野菜を使ったシンプルなおかずをたくさん作って組み合わせるようになりました。それぞれ単品だと味も食感も単調ですが、いろいろなおかずを少しずつ詰め合わせていけば、多彩な料理が楽しめるお弁当に。彩りのためにトマトやレタスを入れなくても大丈夫。蓋を開けた時に〝美味しそう！〟と思えるような、お弁当にちゃんと仕上がります。

季節野菜の小さなおかずで、満足感のある10品目弁当

1品を彩りよく作るのではなく
詰め合わせた時に彩りがよくなるように、
小さなおかずをいろいろ盛り込みます。

この日のお弁当メニュー

- 鮭の西京焼き
- オクラの肉巻きフライ
- だし巻き卵
- にんじん酢ナムル
- かぼちゃとニラのナムル
- 昆布の佃煮
- なすの揚げ浸し
- 赤たまねぎの甘酢
- 新たまねぎの卵とじ
- 新じゃがと大葉のみそ煮
- 万願寺とうがらしのじゃこ炒め

1 まずは大きなおかずを端から詰める

はじめに、メインになるような大きなおかずを詰めていくと、あまり悩まずにスムーズに盛りつけられます。たとえばこのお弁当なら、鮭の西京焼きや肉巻き、だし巻き卵。ご飯を半分ほど詰めたら、端から大きなおかずを入れていきます。あとは隣り合うおかずの色合いや味つけなどを見ながら、お弁当箱の隙間を埋めるように少しずつ詰めていく要領です。

2 肉巻きやフライは、断面を見せて美味しそうに

野菜の肉巻きやメンチカツなどは、中身が見えるようにカットして入れるのがおすすめです。美味しそうに見えるのはもちろん、ひと口サイズになるので食べやすさもアップ。また、お弁当箱はスペースが限られているので、小さく切っておけばよりスムーズに詰められます。包丁とまな板を出すのがめんどうな時は、お皿の上でナイフでカットすると便利です。

← p.93

3 野菜1種の手軽なおかずをいくつも入れて

手軽に作れる野菜1種のおかずをいろいろ作ります。たとえば、じゃがいもは油で揚げてコロッケに、にんじんはごまと和えてナムルに。1種使いなら手間も少なく、その野菜の特徴に合わせた調理法でできるので、あれこれ考えなくても作れるはず。冷蔵庫の余り野菜を活用したり、晩ごはんの素材を取っておいて作ったり、素材を無駄なく使い切れるのもいいところです。

← 1章

4 味をしっかりつけて汁気をきってから盛り込む

なすの揚げ浸しやたまねぎの甘酢など、お弁当の1品にするために、あえて1〜2日前に作っておくおかずもあります。作りおくことで調味料がなじむので、煮汁やマリネ液から取り出しても味はしっかり。汁気があるとお弁当が傷む原因になるので、手で絞れないものは、キッチンペーパーの上にしばらくのせて、汁気をきってから詰めるようにしています。

お弁当にも

5 佃煮や漬け物も自家製ストックを役立てて

季節の素材を使った佃煮やふりかけなども、その時々で作ってストックしています。ご飯に添えたり、隙間に詰めたり、自家製の保存食が加わると、お弁当を丸ごと手作りできた充実感が湧いてきます。ほんの少ししか入れないものだからこそ、わざわざ購入するよりも、冷蔵庫にあるものを役立てられるとうれしいですよね。

← p.126

第1章

春夏秋冬 野菜が主役の レシピ

春の野菜

西脇で暮らし始めてから、
今までよりも旬の野菜に出合う機会が増えました。
そのたびに「野菜って美味しい」としみじみ思います。
ここから紹介するのは、
野菜そのものの味わいを改めて感じられるような、
季節野菜を主役にしたシンプルな料理。
毎日のごはんにぴったりな手軽なものばかりです。
まずは、生命力あふれるみずみずしい春の野菜。
菜の花、たけのこ、新たまねぎ、絹さや……。
あっという間に旬が終わってしまうものも多いので、
毎年天候とにらめっこしながら、
逃すものかと市場に並ぶのを待ち構えています。
大好きな春野菜がいろいろありますが、
ここでは食堂でもよく使う、
身近な春野菜のレシピをお届けします。

春野菜の味わい方と扱い方のコツ

上／春キャベツ、たけのこ、新じゃが、新たまねぎ。下／そら豆、スナップえんどう、絹さや、アスパラガス。たけのこは、西脇に移住してから毎年のようにご近所さんからいただく春の幸。長く楽しみたいので、すぐにゆがいて瓶詰めにしておく。食感と香りが楽しめる絹さや、やわらかく独特な風味のアスパラガスもお気に入りの春野菜。彩りも鮮やかなので、お弁当にもおすすめ

たまねぎ

店のオープン当初から、冬以外はやわらかい淡路のたまねぎを使っています。メンチカツやしゅうまいのひき肉に混ぜたり、スープのだしにしたり、たまねぎは年中使う野菜ですが、春は待ちに待った新たまねぎの登場。水分が多くやわらかい新たまねぎは、さっと火を通せば甘みが増し、ふくふくとした味わいと、とろけるような食感が楽しめます。皮をむき、ビニール袋に入れて冷蔵庫で保存しておくと、料理にすぐ使えるので便利です。

じゃがいも

男爵もメークインもそれぞれ美味しさがあり、その時々でお手頃なものを選び料理に使っていますが、私の好みはやっぱり甘みのあるメークイン。皮がむきやすいのもうれしいところです。中でも春の新じゃがは、しっとりとしてやわらかく、香りがいいのが特徴。皮も薄いので、表面をタワシで洗って料理には皮ごと使います。青く変色しやすいため、新聞紙に包んで日が当たらないように保存し、早めに使うのがおすすめです。

キャベツ

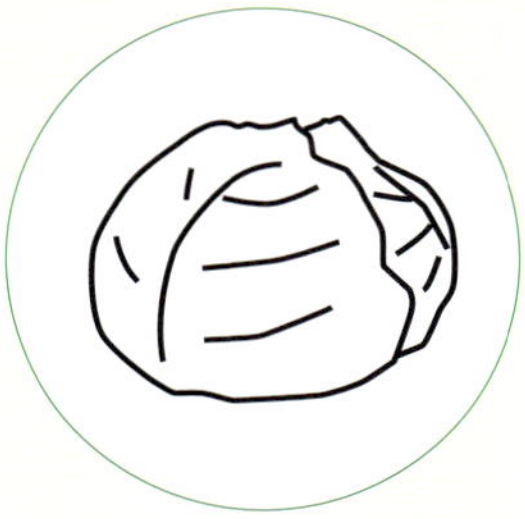

キャベツはいつも丸ごと購入。縦十文字に包丁を入れて4等分にし、ビニール袋に入れて保存しています。中心部と外側を分けずに一緒に味わうと美味しく、食堂のメニューでは芯ごと使うことも多いです。特に春キャベツは芯も葉もやわらかく甘みがたっぷり。色も鮮やかでさっと火が通るので、出まわっている時期はどんどん使います。その分、スープ煮などに入れるとすぐに煮くずれしてしまうので、煮込む時は短時間で仕上げるようにします。

菜の花

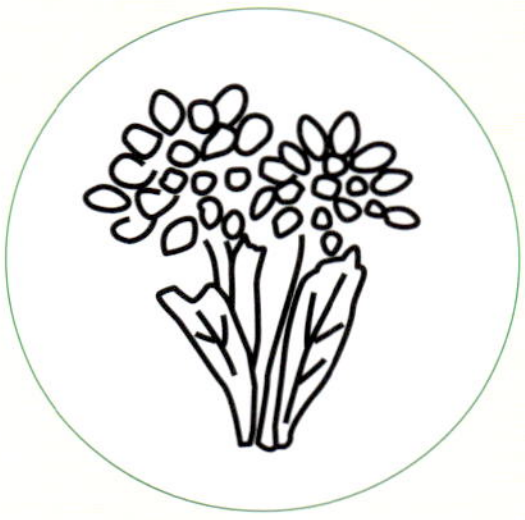

購入後、すぐに劣化していく菜の花は、切り口が乾燥していない、鮮度のいいものを選びます。下ゆでして使うことが多いですが、注意したいのは火の通し過ぎ。歯応えがなくならないようにするには、先端を手で持って芯だけ湯に浸して、ゆらゆらと揺らしながら30秒〜1分、最後に先端をさっと湯にくぐらせる方法です。時期が限られているので、最盛期にたくさん手に入れて、かためにゆがいて冷凍しておくと後々まで楽しめます。

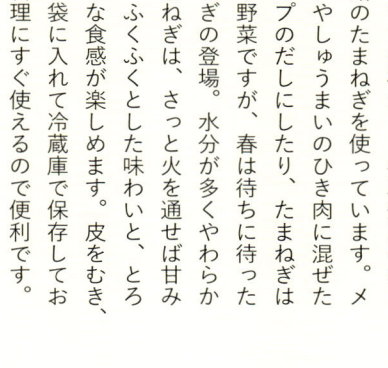

たまねぎ

たまねぎメンチカツ

たまねぎたっぷりで、揚げ物でも後味は軽やかです。
もも肉とむね肉を半量ずつ合わせるのがおすすめ。
手に薄く油をつけると、丸めやすくなります。

材料（2人分）

鶏ひき肉……150g
たまねぎ……中1/2個（100g）
A ┌ 青ねぎ（小口切り）……適量
　　│ 溶き卵……小1個分（40g）
　　│ 白ごま……小さじ2
　　│ 片栗粉……大さじ1と1/2
　　└ 塩・こしょう……各少々
パン粉……適量
揚げ油……適量

① たまねぎは横半分に切ってから3㎝長さの薄切りにする。パン粉はバットに入れておく。
② ボウルに鶏肉を入れ、**A**を加えてよく練る。たまねぎも加えてさらに練る。
③ ②を6等分にして①のバットに直接落とし、パン粉をつけながら小判形に丸める。
④ 160℃に熱した油に入れ、表面がかたまってきたら返す。弱火で5分、強火にして1分、何度か返しながらからりと揚げる。

お弁当にも

丸ごと新たまねぎのそぼろあん

甘くやわらかな味わいが広がり、
新たまねぎのおいしさを再確認できるメニュー。
小たまねぎを使うと少し早く仕上がります。

point

たまねぎが途中で煮くずれしないように、芯はつけたままで調理を

材料（2人分）

新たまねぎ……中2個（400g）
鶏ひき肉……100g
しょうが……1/2かけ
青ねぎ（小口切り）……適量

A
水……大さじ1
酒……大さじ1
塩……ひとつまみ

B
だし汁……500cc
酒……大さじ1
うす口しょうゆ……大さじ1/2
塩……小さじ1/2

[水溶き片栗粉]
片栗粉……大さじ2
水……大さじ2

①たまねぎは芯をつけたまま皮をむく。しょうがはせん切りにして水にさらし、水気をよくきっておく。

②鍋に鶏肉と**A**を入れて中火で熱し、ほぐしながら炒りつける。火が通ったら、たまねぎと**B**を入れて強火にし、煮立ったらアクを取る。蓋をして弱火にし、たまねぎがやわらかくなるまで30分煮る（たまねぎが煮汁につかっていないようなら途中で上下を返す）。

③水溶き片栗粉を少しずつ加えてとろみをつけ、ひと煮立ちさせたら器に盛る。しょうがをのせ、青ねぎをのせる。

豚肉とたまねぎの甘酢炒め

point

豚肉に下味をつける時は、調味料がなじむように油と片栗粉を最後に加えて

材料（2人分）

豚こま切れ肉……150g
たまねぎ……中1と1/2個（300g）
しめじ……100g
A 酒……大さじ1/2
しょうゆ……大さじ1/2
ごま油……大さじ1/2
片栗粉……大さじ1
B ケチャップ……大さじ2
酒……大さじ1
さとう……大さじ1
酢……大さじ1
しょうゆ……大さじ1
鶏がらスープの素……小さじ1/2

① ボウルに豚肉を入れ、**A**を右から順に加えてもみ込む。たまねぎは1つを縦半分に切ってから繊維に直角に1cm幅に切る。しめじはほぐしておく。
② フライパンにサラダ油大さじ1（分量外）を入れて中火で熱し、たまねぎをさっと炒めていったん取り出す。
③ ②のフライパンにサラダ油少々（分量外）を足して中火にし、焦げないように手早く豚肉を炒める。色が変わってきたら、しめじを加えて炒めて②を戻し入れる。**B**を混ぜ合わせて加え、強火にして煮詰めるようにしっかり炒める。

新たまねぎの卵とじ

材料（2人分）

新たまねぎ……中1個（200g）
絹さや……10枚
油揚げ（7×15cm）……1/2枚
卵……2個
A だし汁……100cc
みりん……大さじ2
酒……大さじ1
しょうゆ……大さじ1

① たまねぎは縦半分に切ってから、繊維に直角に1cm幅に切る。油揚げは横半分に切ってから1cm幅に切る。
② 絹さやは筋を取り、さっと塩ゆでして半分の長さに切る。卵は割りほぐしておく。
③ 鍋に**A**を煮立てて①を入れ、蓋をして弱火で5分ほど煮る。
④ 蓋を取り、絹さやをちらして強火にし、ほぐした卵をまわし入れる。表面が少しかたまったら、大きく混ぜて火を止める。

キャベツ

お好み焼き風キャベツつくね

キャベツの甘みがあって、ふんわりやわらかく、子どもにもおすすめのおかずです。ソースのほか、ポン酢やマヨネーズなどお好みの調味料を添えても。

材料（2人分）

鶏ひき肉……150g
たまねぎ……中1/5個（40g）
キャベツ……70g
お好み焼きソース……適量
青のり……適量
A
- 溶き卵……1/2個分
- 小麦粉……大さじ1強
- 塩……小さじ1/4
- こしょう……少々

①たまねぎはみじん切り、キャベツは5㎜幅に切る。
②ボウルに鶏肉を入れ、**A**を加えてよく練る。①も加えてさらに練り、4等分にして平たく丸める。
③フライパンにサラダ油少々（分量外）を入れて中火で熱し、②を並べる。両面焼き色がつくまで焼いたら弱火にし、蓋をして3分ほど火が通るまで焼く。
④火を止め、表面にソースを塗って青のりをかける。

お弁当にも

春キャベツの大豆そぼろあんかけ

point
春野菜ならではのやわらかい歯応えが楽しめるように、煮込み過ぎないこと

春キャベツと新たまねぎの
みずみずしい美味しさがひと皿に。
豚肉と大豆のコクがあり、食べ応えも◎。

材料（2人分）
春キャベツ……1/4個（300g）
新たまねぎ……大1/2個（150g）
豚ひき肉……100g
大豆水煮……100g
しょうが（みじん切り）……小さじ1

A
だし汁……250cc
酒……大さじ1
みりん……大さじ1
しょうゆ……大さじ1

B
②の煮汁……100cc
さとう……大さじ1
みそ……大さじ1
酒……大さじ1/2
しょうゆ……大さじ1/2

［水溶き片栗粉］
片栗粉……小さじ2
水……小さじ2

① キャベツは芯をつけたまま2等分にする。たまねぎは芯をつけたまま4等分のくし形に切る。
② 鍋に**A**を煮立てて①を入れ、蓋をしてごく弱火で10分煮たら火を止める。
③ フライパンにサラダ油少々（分量外）としょうがを入れて中火で熱し、香りが立ってきたら豚肉を炒める。ほぼ火が通ったら、水気をきった大豆も加えて炒める。
④ 全体に油がまわったら**B**を入れる。煮立ったら水溶き片栗粉を少しずつ加えてとろみをつけ、再び煮立ったら火を止める。
⑤ 器に②の煮汁を軽くきって盛り、④をかける。

キャベツとオレンジのカッテージチーズサラダ

材料（4人分）
キャベツ……1/6個（200g）
オレンジ……1個
カッテージチーズ……50g
A
- レモン汁……大さじ1
- はちみつ……小さじ1
- オリーブ油……小さじ2
- 塩・こしょう……各少々

①キャベツはざく切りにし、塩小さじ1/4（分量外）をまぶしてしばらくおき、水気を絞る。
②オレンジは包丁で皮をむき、食べやすい大きさに切る。
③ボウルに**A**を合わせ、①、②、カッテージチーズを加えて和える。

キャベツのカレー煮浸し

材料（2人分）
キャベツ……1/6個（200g）
油揚げ（7×15cm）……1枚
カレー粉……小さじ1
A
- だし汁……100cc
- うす口しょうゆ……大さじ1弱
- 酒……小さじ1
- さとう……小さじ1

①キャベツはざく切りにする。油揚げは横半分に切ってから1cm幅に切る。
②鍋にサラダ油小さじ2（分量外）を入れて中火で熱し、キャベツを炒める。少ししんなりしたらカレー粉を加え、さらに炒める。
③**A**と油揚げを加えて弱火にし、蓋をして3〜5分煮る。
④火を止め、しばらくおいて味をなじませる。

じゃがいもガレットの五目あんかけ

材料（2人分）

じゃがいも……大2個（300g）
豚こま切れ肉……100g
えび（無頭・殻つき）……4尾
干ししいたけ……1枚
キャベツ……50g
たまねぎ……30g
にんじん……20g
絹さや……5枚

A
水……1/2カップ
鶏がらスープの素……小さじ1/2
オイスターソース……大さじ1/2
酒……大さじ1/2
しょうゆ……大さじ1/2

［水溶き片栗粉］
片栗粉……大さじ1/2
水……大さじ1/2

ごま油……小さじ1

①豚肉は酒、しょうゆ各小さじ1（分量外）で下味をつける。えびは殻をむき、塩、こしょう、酒各少々（分量外）で下味をつける。

②干ししいたけは水で戻して細切り、キャベツはざく切り、たまねぎはくし切り、にんじんは短冊切りにする。絹さやは熱湯でさっとゆで、半分の長さに切る。

③じゃがいもはせん切りにし、水にさらさずにボウルに入れて、塩ふたつまみ（分量外）をまぶす。5分ほどおいて水気が出たらぎゅっと絞る。

④フライパンにサラダ油大さじ2（分量外）を入れて中火で熱し、③を広げて並べる。フライ返しやヘラで押さえながら片面2〜3分ずつ、両面に焼き色がついてカリッとなるまで焼き、器に盛る。

⑤④のフライパンにサラダ油少々（分量外）を足して中火で熱し、豚肉を炒める。ほとんど火が通ったらえびを加え、えびの色が変わったら絹さや以外の野菜も加えて炒める。

⑥少ししんなりしたら**A**を入れ、煮立ったら弱火にして絹さやを加え、水溶き片栗粉も少しずつ加えてとろみをつける。強火にしてひと煮立ちさせたらごま油を加え、ひと混ぜして④にかける。

しゃきしゃきじゃがいものごまマヨサラダ

point

じゃがいもが熱いうちに酢をまぶし、酸味をほどよくなじませておく

材料（3〜4人分）

じゃがいも……大1個（150g）
きゅうり……1/2本
ゆで鶏（左記参照）……50g
A
- マヨネーズ……大さじ3（36g）
- 白すりごま……大さじ1
- 酢……大さじ1
- うす口しょうゆ……小さじ1
- ごま油……小さじ1

①じゃがいもは細切りにする。熱湯で2分ゆでてざるに上げ、熱いうちに酢大さじ1（分量外）をまぶして冷ましておく。
②きゅうりは斜め薄切りにしてから細切りにする。ゆで鶏は食べやすい大きさに裂いておく。
③ボウルにAを合わせ、①と②を加えて和える。

ゆで鶏

材料（作りやすい分量）

鶏むね肉……1枚（280g）
A
- 水……1カップ
- 酒……大さじ1
- 塩……小さじ1

①鍋にAを入れて火にかけ、沸騰したら鶏肉を入れる。
②再び沸騰したら弱火にし、蓋をして3分、上下を返してさらに3分ゆでる。
③火を止めて、そのまま冷めるまでおく。
※ゆで鶏は食べやすく裂いて小分けにし、ラップに包んで冷凍しておくと便利。料理に使う時は自然解凍を。

じゃがいもとのりのじゃこフライ

材料（小12個分）
じゃがいも……大2個（300g）
焼きのり……1枚
白ごま……大さじ2
塩……小さじ1/3
［衣］
小麦粉……適量
溶き卵……適量
ちりめんじゃこ……30g
揚げ油……適量

①じゃがいもは適当な大きさに切って水にさらす。ざるに入れ、蒸し器でやわらかくなるまで蒸す。ボウルに入れて熱いうちにすりこぎでつぶし、塩を入れて混ぜる。
②冷めたら、ちぎったのりと白ごまを入れて混ぜ、12等分にして直径3㎝ほどに丸める。小麦粉、溶き卵、ちりめんじゃこの順に衣をつける。
③160℃に熱した油に入れ、転がしながら1〜2分、こんがり色がつくまで揚げる。

お弁当にも

新じゃがと大葉のみそ煮

材料（4人分）
新じゃが……小15個（500g）
大葉……30枚
A
だし汁……2カップ
赤みそ……大さじ2
みりん……大さじ2
さとう……大さじ1

①じゃがいもは皮をきれいに洗い、水気をしっかりきる。大葉は縦半分に切ってから5㎜幅に切る。
②鍋にサラダ油大さじ2（分量外）を入れて中火で熱し、じゃがいもを1〜2分しっかり炒める。Aを入れ、落とし蓋をして弱火にし、15分ほどやわらかくなるまで煮る。
③煮汁が1/3くらいになったら火を止め、大葉を入れて絡める。
④器に盛り、お好みで煮汁をかける。

お弁当にも

point
煮込むとコクが増す赤みそで作る。煮汁は冷めるととろみが出てくるので、煮詰めなくてもOK

菜の花とじゃがいものみそ炒め

菜の花の苦味がほんのり広がり、甘辛味でご飯がすすむおかずです。菜の花は塩ゆでに、じゃがいもは蒸して、それぞれ下ごしらえをしてから合わせます。

材料（2人分）

菜の花……1束（200g）
じゃがいも……大1個（150g）
豚こま切れ肉……150g

A
みそ……大さじ3
酒……大さじ2
みりん……大さじ2
さとう……大さじ2

①菜の花はさっと塩ゆでして冷水に取り、水気を絞って3㎝長さに切る。じゃがいもは7㎜厚さのいちょう切りにし、ざるに入れて蒸し器で火が通るまで蒸す。

②フライパンにサラダ油大さじ1（分量外）を入れて中火で熱し、豚肉を炒める。火が通ったら①を加えてさっと炒める。**A**を混ぜ合わせて加え、強火にして水分をとばすように炒め合わせる。

菜の花とツナの炊き込みご飯

菜の花の風味と歯応えが楽しめる
春ならではの炊き込みご飯。
毎年この季節になると、
必ず作りたくなるメニューです。
冷めても美味しいのでお花見にも。

材料（作りやすい分量）
米……2合
菜の花……1/2束（100g）
ツナ缶……小1缶（80g）
A
うす口しょうゆ……大さじ2
塩……小さじ1/2

① 米は洗って炊飯器に入れ、普通の水加減にしておく。
② 菜の花はさっと塩ゆでして冷水に取り、水気を絞って2㎝長さに切る。
③ ①に缶汁をきったツナと**A**を入れ、ひと混ぜしたら炊く。
④ 炊き上がったら、5〜10分蒸らし、②を加えてざっくり混ぜる。

お弁当にも

菜の花と明太子のホイル焼き

材料（2人分）
菜の花……1束（200g）
明太子……1/2腹（50g）
昆布……1枚（2cm角）
無塩バター……10g
酒……大さじ1

①菜の花はさっと塩ゆでして冷水に取り、水気を絞って2cm長さに切る。
②アルミ箔に昆布を敷き、菜の花をおく。明太子の縦中央に切り込みを入れてのせ、その上にバターものせて酒をふりかける。
③全体を包むようにアルミ箔の上部を合わせて閉じ、オーブントースターで5分焼く。

point
たっぷりの煮汁にゆるめのとろみをつけて、汁物の代用にしても

厚揚げの菜の花そぼろあん

材料（2人分）
厚揚げ（絹）……2枚（240g）
菜の花……1/2束（100g）
鶏ひき肉……100g
A
しょうが（みじん切り）……小さじ1
だし汁……300cc
うす口しょうゆ……大さじ1と1/2
みりん……大さじ3/4
さとう……大さじ3/4
［水溶き片栗粉］
片栗粉……大さじ1
水……大さじ1

①菜の花はさっと塩ゆでして冷水に取り、水気を絞って1cm長さに切る。
②鍋に**A**と厚揚げを入れて強火にかける。煮立ったら弱火にし、鶏肉をほぐしながら加えて5分煮る。
③水溶き片栗粉を少しずつ加えてとろみをつけ、①も加えて強火にし、ひと煮立ちさせたら火を止める。

column

西脇市と近郊の春

たくさんのお花見スポットがある西脇市。私たちが「お米ロード」と呼ぶいつも車で通る場所（p.12）にも桜の木々が並び、毎年元気をもらっています。

この時期は、産直市場に春野菜がたくさん。販売ブースに並べに来る農家さんも多く、野菜との距離がいっそう近く感じられます。

「北はりま旬菜館」では、春ならではの葉たまねぎが並ぶ。卵とじや炒め物に、やわらかく甘みがある葉も料理に使えるうれしい野菜

アブラナ科の小松菜や水菜などの花を咲かせてから収穫する菜の花も、いつも市場で仕入れる

市場に並ぶ野菜の多くは、生産者さんの名前を記したラベルを貼って販売されている。たけのこはご近所さんにいただくことも多く、水煮にして瓶詰めに。お正月の煮しめなど、1年中楽しんでいる

この辺り一帯は黒田と呼ばれ、エメラルドグリーンの大きな溜池のおかげで、お米や野菜が美味しいといわれている

歩いてすぐの瀧尾神社の裏手にある川沿いの道は、桜のトンネルが続く、愛犬インゼもお気に入りの散歩コース。暖かい日には、ご近所の方たちがお花見を楽しむ姿も

六甲店の頃から一緒に暮らすインゼ。西脇では愛犬とともにくつろげるテラス席を設けた

かもめ食堂のある西脇市は兵庫県のほぼ中央にあります。また、日本列島の中心に位置するので「日本のへそ」ともいわれています。

小さな山々に囲まれ、夏は暑く冬は寒い。朝晩の寒暖差が大きい。そんな盆地ならではの気候のおかげで美味しい野菜が育ちます。

市場に春野菜が並び出しても、まだまだ寒いし冬やん！と思っていたら、ふと昼間の日差しが暖かくなったり、朝日が昇るのが早くなって春の訪れを実感します。布団の中で外の明るさに気づいて目覚める時は、一瞬、寝坊した！とびっくりしますが、後からじわじわとうれしさがこみ上げてきます。

桜はそこここに咲いていて、移住した頃こそ、お弁当を持ってお花見に行くこともありましたが、今は愛犬インゼの散歩がてらや、仕入れで行き来する車の車窓からと、いつでもお花見を楽しんでいます。

冬が長くて厳しい分、春の訪れはとてもうれしく、草木や虫のように私たちも活発になります。あれもしたい、これもしたい。でも、庭の草引きをしないと。

慌ただしい春です。

レッスン
3

切り方次第で料理の印象が変わる ～野菜の切り方便利帖～

くし形切り

トマトやたまねぎ、キャベツなど球状の素材を縦半分に切り、中心から放射状に等分に切っていく

輪切り

切り口が円になる素材を端から等間隔で切っていく。なす、大根など。ごぼうは繊維を断つので食べやすくなる

小口切り

ねぎなどの細長い素材を端から5㎜幅くらいの間隔で切っていく、輪切りより切り口が小さくなる切り方

半月切り

切り口が円になる素材を縦半分に切ってから、端から等間隔で半月の形に切っていく。かぶ、にんじんなど

斜め切り

素材を端から等間隔で斜めに切っていく。ねぎ、アスパラガス、きゅうり、なすなど

いちょう切り

切り口が円になる素材を縦半分に切ってから、さらに縦半分に切り、端から等間隔に切っていく。大根など

薄切り

素材を端から1～2㎜の間隔で薄く切っていく。なす、大根、かぶなど

乱切り

素材を90度ずつ回転させながら、等間隔で斜めに切っていく。大根などの太い野菜は縦に細く切ってから切る

見た目や食感など、料理の印象を左右する「切り方」。同じ野菜でも、ささがき、輪切り、乱切り、拍子木切りなど、いろいろな切り方ができます。かき揚げに入れるにんじんの存在感を出すためにあえて大きくごろんと切ったり、煮物のごぼうに味がなじむように繊維を断って輪切りにしたり、いつもと違う切り方を試してみるだけでも料理の幅は広がります。また、作り手側のイメージを形にするばかりでなく、食べる人に合わせて切ることもあります。たとえば、同じきゅうりのサラダでも、年配の方が食べやすいようにするなら細切りに、ぽりぽりと音を立てて食べたい子どもには拍子木切りに。切り方を変えるだけで、食べやすさも味わい方も変わってきます。

　調理法で切り方を決める場合もあります。たとえばさつまいもを煮物にする時は、煮くずれしないように厚めの輪切りに、和え物にするなら調味料が絡みやすいように棒状に。さらに、急いで作りたい時は、小さく切ったり薄く切ったりすることも。

　その時々で切り方を工夫するのも、料理の楽しさのひとつです。

さいの目切り

角切りの中でも特に小さい切り方で、1cm角の立方体に切っていく。トマト、ズッキーニ、大根など

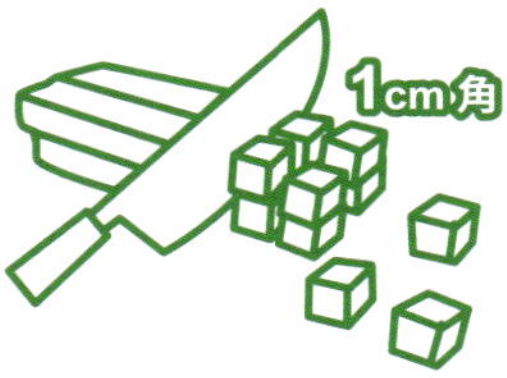

みじん切り（粗みじん切り）

素材を細かく刻んでいく。少し大きく刻むと粗みじん切りに。店でのたまねぎの切り方は、p.100とp.116を参照

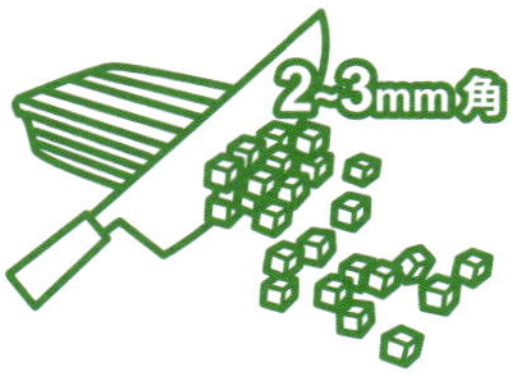

そぎ切り

厚みのある素材を等間隔で斜めにそぐように切っていく。白菜の芯、しいたけなど

ささがき

素材の表面を包丁で削るように、端から細く薄く切っていく。ごぼう、にんじんなど

ひと口大に切る

素材を口に入れやすい大きさに切っていく。1辺を2〜3cm長さに切ることが多い。じゃがいも、ピーマンなど

※ここでは、かもめ食堂での野菜を切る手順や大きさを記載しています。本書のメニューを作る際に参考にしてください。

ざく切り

素材を等間隔でざくざくと切っていく。小松菜などの葉物は3〜5cm長さ、キャベツや白菜は3cm角に

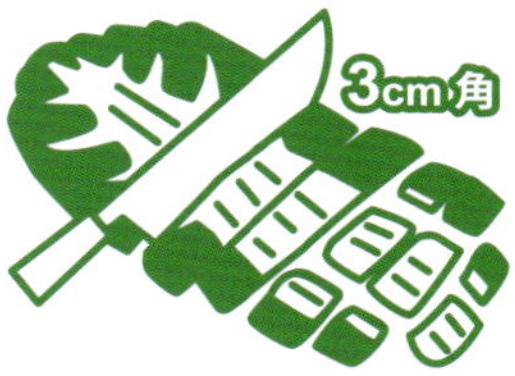

細切り

薄切りや斜め切りにした素材を、等間隔で細く切っていく。4〜5cm長さに切ることが多い。ナムルなどに

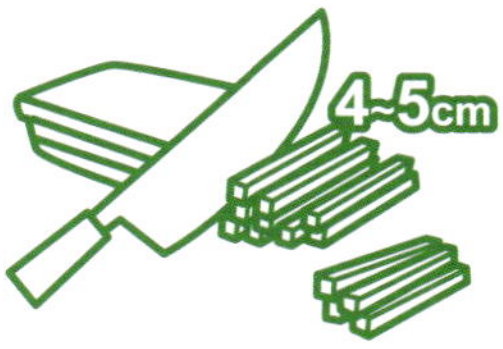

せん切り

細切りより細い切り方で、1〜2mm角、5cm長さに切ることが多い。シャキシャキさせたい時は、繊維に沿って切る

拍子木切り

素材を四角柱に切っていく。1cm幅、7〜10mm厚さ、6cm長さに切ることが多い。存在感を出したい時に

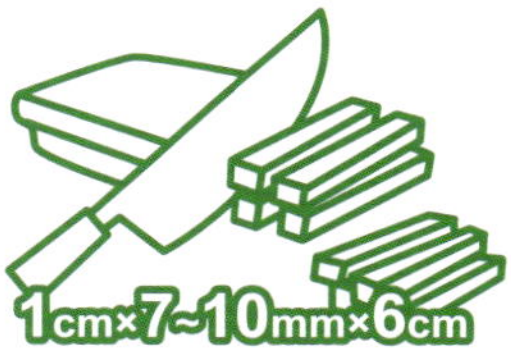

短冊切り

素材を短冊の形のような薄い長方形に切っていく。1cm幅、2〜3mm厚さ、6cm長さに切ることが多い

角切り

素材を立方体に切っていく。かぼちゃ、トマト、大根、さつまいも、じゃがいもなど

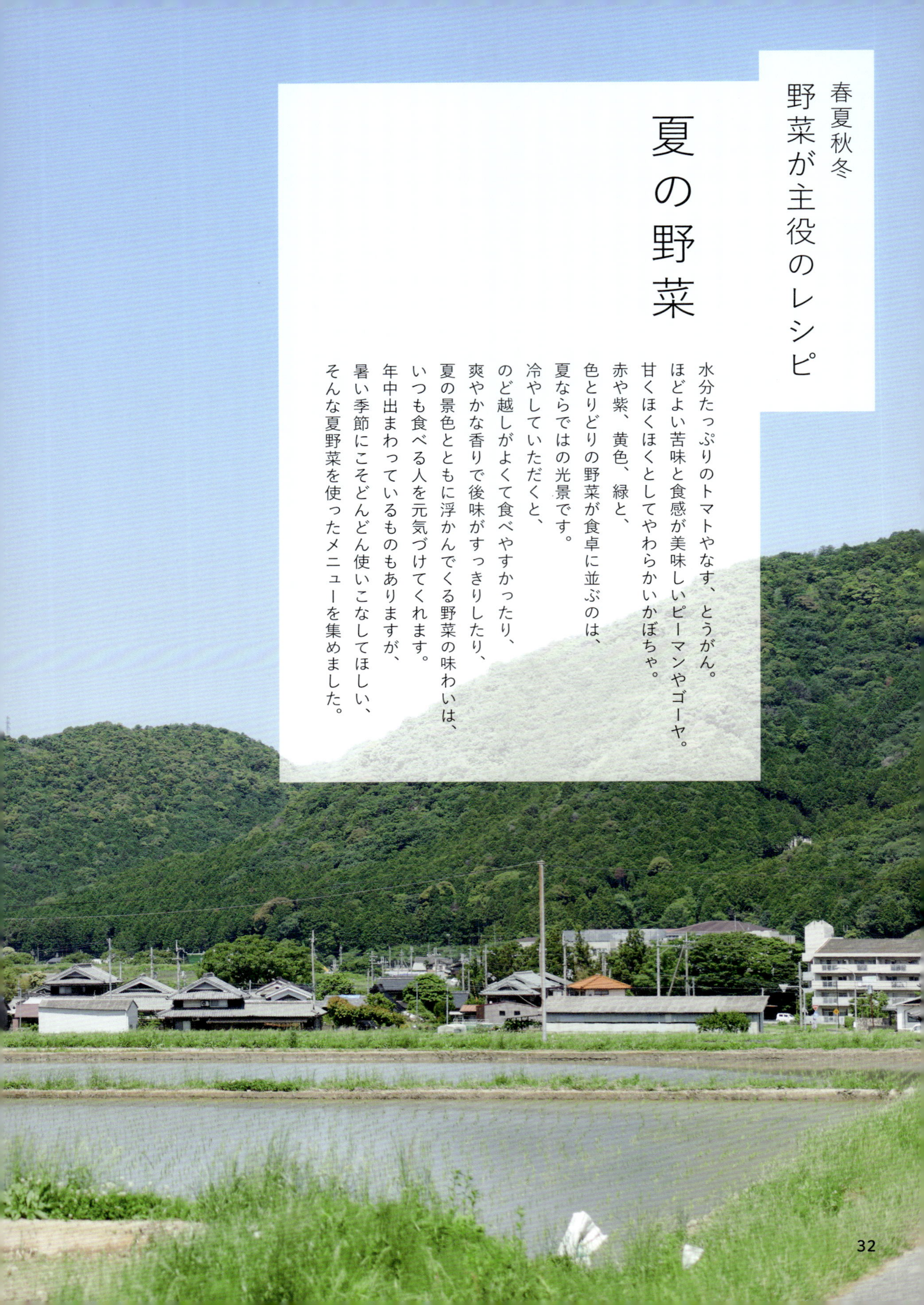

春夏秋冬
野菜が主役のレシピ

夏の野菜

水分たっぷりのトマトやなす、とうがん。
ほどよい苦味と食感が美味しいピーマンやゴーヤ。
甘くほくほくとしてやわらかいかぼちゃ。
赤や紫、黄色、緑と、
色とりどりの野菜が食卓に並ぶのは、
夏ならではの光景です。
冷やしていただくと、
のど越しがよくて食べやすかったり、
爽やかな香りで後味がすっきりしたり、
夏の景色とともに浮かんでくる野菜の味わいは、
いつも食べる人を元気づけてくれます。
年中出まわっているものもありますが、
暑い季節にこそどんどん使いこなしてほしい、
そんな夏野菜を使ったメニューを集めました。

夏野菜の味わい方と扱い方のコツ

とうがん、ピーマン、パプリカ、ししとう、なす、オクラ、そうめんかぼちゃ、コリンキー、ゴーヤ。とうがんやなすは味に主張がないので、甘酢やだしなどやさしい味で仕上げる料理に。ピーマンやゴーヤは苦味やクセを生かしてパンチのあるメニューに。そうめんかぼちゃは皮がかたいので、慎重にカットして。ゆでて水気を絞った果肉は冷蔵保存しておくと、みそ汁や炒め物にすぐに使えて便利

かぼちゃ

かぼちゃはカットされたものが市場に並ぶことが多いので、黄色の濃い美味しそうなものを選ぶようにしています。保存は種とわたを取り除き、ラップをかぶせて冷蔵庫へ。皮がかたくて扱いにくいという声も聞きますが、実の方から包丁を入れていくと切りやすいと思います。甘いかぼちゃもピリ辛風味の料理に仕上げれば、ご飯のすすむおかずに。食堂でも、カレーやナムルなど、あえて辛さや酸味があるメニューによく使います。

ピーマン

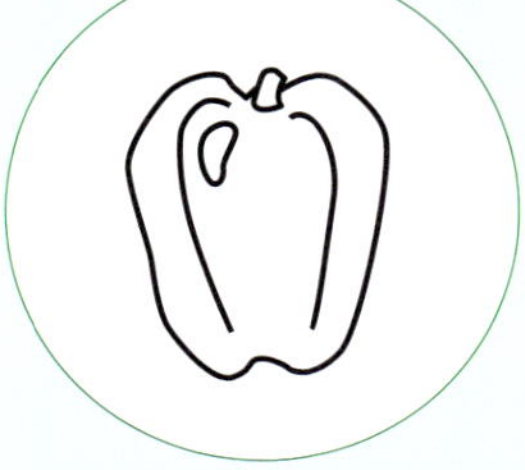

独特な苦味が何とも美味しいピーマン。緑色が鮮やかで、暑い時にも力が湧いてくるようなメニューがいろいろと作れます。ほどよく食感が楽しめる方が好きなので、繊維が残るように縦に切ることが多く、加熱も全体的にさっと火を通す程度で。種がやわらかく鮮度のいいピーマンは、切らずに丸ごと料理に使うこともあります。ししとうや万願寺とうがらしなどでも作れるレシピが多いので、手に入りやすいもので代用することも。

なす

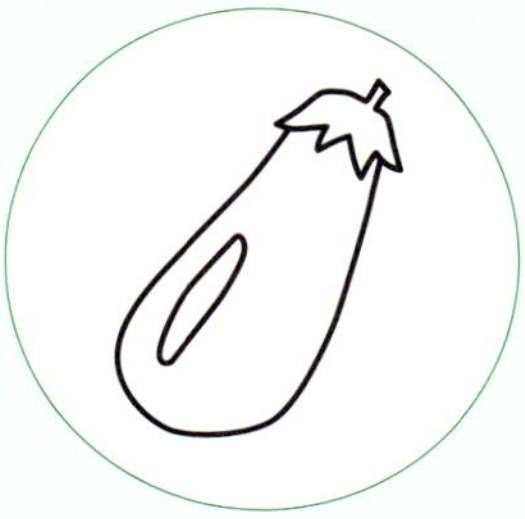

新鮮なうちは皮をむくときれいな翡翠色に、逆に鮮度が落ちてくると種が変色してきます。なすはガクの下の部分がおいしいので、へたぎりぎりでカットしてガクをむいて使います。油との相性もよく、高温の油に皮から入れ、一気に揚げると鮮やかな紫色に。揚げ浸しなど味を含ませたい時は、手間を惜しまずに皮目に細かい切り目を入れ、しっかり冷やした調味液に揚げなすを入れて急冷を。色もきれいに仕上がり、味も染み込みます。

とうがん

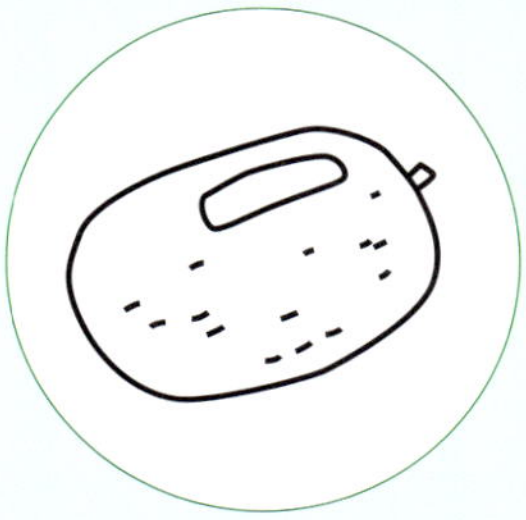

夏の野菜ですが、丸ごと保存すると冬まで持つので「冬瓜」と呼ばれたそう。煮物にしたり漬け物にしたり、みそ汁に入れるなど、夏の大根感覚で使っています。大きい野菜なので、まずは使う大きさに合わせた幅にざっくり切り分けて、種をスプーンで除いてから皮をむき、カットしていきます。生のまま使う時は、水分が多いので塩をしてしばらくおき、水気をしっかり絞ってから味を含ませます。

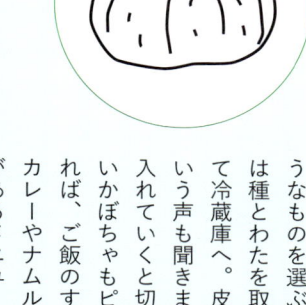

チーズ入り かぼちゃの カレーコロッケ

かぼちゃの甘みとチーズがよく合い、
ひと口サイズなので
おやつとしてもおすすめ。
かぼちゃの水分量により、
やわらかさは多少変わってきます。

材料（小10個分）

かぼちゃ……1/4個（400g）
たまねぎ……中1/2個（100g）
豚ひき肉……100g
プロセスチーズ……30g
カレー粉……大さじ1
塩……小さじ3/4
しょうゆ……小さじ1/2
[衣]
小麦粉……適量
溶き卵……適量
パン粉……適量
揚げ油……適量

①たまねぎはみじん切りにする。フライパンにサラダ油大さじ1（分量外）を入れて中火で熱し、たまねぎと豚肉を炒める。豚肉に火が通ったらカレー粉を加えて炒める。塩としょうゆも加え、さらに弱火で2分ほど炒めて火を止める。

②かぼちゃは適当な大きさに切ってざるに入れ、蒸し器でやわらかくなるまで蒸す。ボウルに入れ、熱いうちにすりこぎでしっかりつぶし、①を入れて混ぜる。

③チーズは1.5㎝角に切る。②が冷めたら10等分にしてピンポン玉大に丸め、中にチーズを入れる。小麦粉、溶き卵、パン粉の順に衣をつける。

④160℃に熱した油に入れ、転がしながら3分ほどきつね色になるまで揚げる。

お弁当にも

豚こま団子とかぼちゃの煮物

point

かぼちゃや団子の形がくずれないように、途中で混ぜないで煮る

1品で野菜も肉も味わえて、彩りも豊か。しっかり満足感がある煮物です。豚こま団子の作り方を覚えておくと、お好きな野菜と組み合わせて楽しめます。

材料（2人分）

豚こま切れ肉……200g
かぼちゃ……1/8個（200g）
いんげん……5本

A
- 酒……小さじ1
- 片栗粉……小さじ1
- 塩……小さじ1/4

B
- だし汁……1カップ
- みりん……大さじ1/2
- さとう……大さじ1/2
- しょうゆ……大さじ1/2

① 豚肉は1cm幅に切ってAをもみ込み、10〜12等分にして小さく丸める。
② かぼちゃは3cm角に切る。いんげんはさっと塩ゆでして冷水に取り、水気をきって3cm長さに切る。
③ 鍋にBを煮立てて①を入れる。表面の色が変わったらかぼちゃを加え、落とし蓋と鍋蓋をして弱火で10分煮る。
④ いんげんを入れ、ひと煮立ちさせたら火を止める。

そうめんかぼちゃの甘酢

point
そうめんかぼちゃは個体差が大きいので、ゆがいた後の分量によってAの量を調整する

材料（作りやすい分量）
そうめんかぼちゃ……1/3個
（ゆでて水気を絞った果肉……150g）
A
しょうが（すりおろし）……小さじ1/2
酢……大さじ2
さとう……大さじ1
うす口しょうゆ……小さじ1

①そうめんかぼちゃは3〜5cm厚さの輪切りにしてから半分に切り、種とわたをスプーンなどで取り除く。
②水から10分ほどゆでてやわらかくなったら冷水に取り、手で果肉をほぐしながら皮から外してざるに上げ、水気をよく絞る。
③ボウルにAを合わせ、②を入れて和える。

常備菜
お弁当にも

かぼちゃとニラのナムル

材料（2人分）
かぼちゃ……1/10個（150g）
ニラ……1/2束
A
白すりごま……大さじ1
ごま油……大さじ1
うす口しょうゆ……小さじ1
塩……少々

①かぼちゃは7mm厚さほどの食べやすい大きさに切ってざるに入れ、蒸し器で火が通るまで蒸す。
②ニラは3cm長さに切り、さっと塩ゆでして冷水に取り、水気を絞る。
③ボウルにAを合わせ、①と②を加えて和える。

お弁当にも

ピーマン

丸ごとピーマンの煮浸し

point

若くて種がやわらかい、小ぶりのピーマンを使うのがおすすめ

包丁要らずでさっと作れる副菜です。ピーマンの歯応えがほどよく、おだしの風味がじんわり広がります。冷やしていただくのもおすすめ。

材料（2人分）

ピーマン……小6個（150g）

A
- だし汁……3/4カップ
- うす口しょうゆ……大さじ1と1/2
- 酒……大さじ1
- みりん……大さじ1
- さとう……小さじ1
- しょうが（すりおろし）……小さじ1/2

かつお節……適量

①ピーマンは丸ごと手でぎゅっとにぎって、割れ目を入れておく。

②鍋に**A**を煮立てて①を入れ、蓋をして弱火で10分煮る。火を止めてかつお節を加え、そのまま冷ます。

③粗熱が取れたら器に盛る。

お弁当にも

ピーマンご飯

ピーマンの緑色が夏らしい、
さっぱり薄味の混ぜご飯です。
暑くて食欲がない時に
そうめんに添えていただくと、
元気が出ます。

材料（4人分）
ピーマン……100g
ご飯（温かいもの）……茶碗4杯分
A［白ごま……小さじ2
かつお節……4g
うす口しょうゆ……小さじ4
みりん……小さじ2

①ピーマンは8㎜角に切る。さっと塩ゆでして冷水に取り、水気を絞る。
②ボウルに**A**を入れ、①を加えて合わせる。
③ご飯に②を加え、さっくり混ぜる。

お弁当にも

万願寺とうがらしのじゃこ炒め

材料（2人分）
万願寺とうがらし……10個（200g）
ちりめんじゃこ……20g
A
酒……大さじ1
みりん……大さじ1
うす口しょうゆ……大さじ1

①万願寺とうがらしは3～4つに切る。
②フライパンにサラダ油大さじ1（分量外）を入れて中火で熱し、ちりめんじゃこをカリッとなるまで炒める。
③①を入れ、しんなりするまで炒めたら**A**を加え、水分をとばすように手早く炒める。

お弁当にも

point
じゃこが焦げないように注意を。ピーマンやししとうで作るのもおすすめ

ピーマンとツナのマカロニサラダ

材料（4人分）
マカロニ……100g
ピーマン……中5個（150g）
たまねぎ……中1/2個（100g）
ツナ……小1缶（80g）
A
酢……大さじ2
サラダ油……小さじ2
塩・こしょう……各少々
B
マヨネーズ……大さじ4（48g）
うす口しょうゆ……小さじ1/2

①マカロニは表示より少し長く、やわらかめにゆでる。ざるに上げて洗い、しっかり水気をきってボウルに移し、**A**で下味をつけておく。
②ピーマンは5㎜幅の細切りにする。さっと塩ゆでして冷水に取り、水気を絞る。たまねぎは繊維に沿って薄切りにし、半透明になるまでしっかりゆでたらざるに上げて冷ます。
③①に②と缶汁をきったツナを入れ、**B**で和える。

なすの揚げ浸し

冷やしても美味しい夏の定番のおかず。
なすは皮目に飾り包丁を入れて、
しっかり味を含ませてください。
大葉を添えると、後味が爽やかに。

材料（2人分）
なす……3本（300g）
大葉（せん切り）……5枚分
A
だし汁……1カップ
みりん……大さじ1と1/2
しょうゆ……大さじ1と1/2
さとう……大さじ1/4
揚げ油……適量

①鍋にAを入れて強火にかけ、ひと煮立ちさせたら火を止める。
②なすはへたを切り落とし、縦半分に切る。皮目に包丁で斜めに5㎜幅の切り込みを入れ、2〜3つに切る。
③180℃に熱した油に皮目からなすを入れ、返しながらさっと揚げる。油をしっかりきって熱いうちに①に入れ、そのまま冷まして味をなじませる。
④器に汁ごと盛り、大葉をのせる。

お弁当にも

なすの タイ風春雨サラダ

涼し気な彩り&後味さっぱり。
暑い季節でも箸がすすむ、
夏野菜たっぷりのサラダです。
春雨は湯の中にしばらくおき、
余熱を利用して火を通します。

材料(4人分)

春雨……50g
豚ひき肉……50g
なす……2本(200g)
きゅうり……1/2本
赤たまねぎ……中1/5個(40g)
ミニトマト……5個
A
- レモン汁……大さじ2
- ナンプラー……大さじ2
- さとう……大さじ1
- 塩……少々
- たかのつめ(小口切り)……1本分

①春雨は熱湯で5分ゆで、火を消してそのまま5分おく。ざるに上げ、水洗いして水気をきり、食べやすい長さに切る。

②なすはへたを切り落とし、焼き網にのせる。強火で転がしながら、なすに火が通ってやわらかくなるまで焼く。粗熱が取れたら皮をむき、ひと口大に切って冷ます。

③きゅうりは細切りにする。赤たまねぎは繊維に沿って薄切りにして水にさらし、水気をきる。ミニトマトはへたを取って半分に切る。

④豚肉は熱湯に入れてほぐしながらゆで、火が通ったらざるに上げて冷ます。

⑤ボウルに**A**を合わせ、①〜④を入れて和える。

point

なすは焼いて自然に割れ目が入ったら、手で裂いてもOK。強火で焼くと冷めてからでも皮がむける

なすとピーマンのきんぴら

なすとピーマンですぐ作れる
時間のない時もおすすめの一品。
ご飯に合う濃いめの甘辛味ですが、
さとうとしょうゆが同量なら
味の濃淡はお好みで調整できます。

材料（4人分）

なす……2本（200g）
ピーマン……2個
さとう……大さじ1と1/2
しょうゆ……大さじ1と1/2
白ごま……大さじ1
ごま油……大さじ1

① なすは斜め薄切りにしてから縦5mm幅の細切りにする。水に5分ほどさらし、ざるに上げて水気をよくきる。ピーマンも縦5mm幅の細切りにする。

② フライパンにごま油を入れて中火で熱し、①を炒める。少ししんなりしたら、さとうを加えてさらに炒める。

③ しょうゆも加えて汁気をとばすように炒めたら、火を止めて白ごまを絡める。

お弁当にも

point

小鍋より面積が広いフライパンを使い、べちゃっとならないように水分をとばしながら強火で炒める

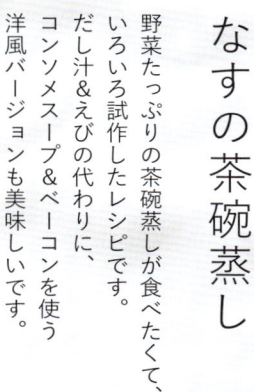

なすの茶碗蒸し

野菜たっぷりの茶碗蒸しが食べたくて、いろいろ試作したレシピです。

だし汁&えびの代わりに、コンソメスープ&ベーコンを使う洋風バージョンも美味しいです。

材料（2人分）

なす……1本（100g）
えび（無頭・殻つき）……4尾

A
だし汁……1カップ
うす口しょうゆ……小さじ1
塩……ひとつまみ

B
卵……2個
だし汁……1と1/4カップ
うす口しょうゆ……小さじ2
塩……小さじ1/5

① なすは皮をむき、2cm角に切って水にさらす。**B**をよく混ぜ合わせ、卵液を作っておく。

② 鍋に**A**と水気をきった①のなすを入れて強火にかける。煮立ったら弱火にし、やわらかくなるまで3分ほど煮て火を止め、そのまま冷ます。

③ えびはさっと塩ゆでしてざるに上げ、冷めたら殻をむいて3つに切る。

④ 2つの器それぞれに、煮汁を軽くきったなす、えびを入れ、**B**の卵液を注ぐ。蒸気の上がった蒸し器に器ごと並べ、蓋をして強火で2分、蓋を少しずらして弱火で15～20分蒸す。

point

飾り用になすとえびを取りおいて、卵液の表面がかたまってきてからトッピングすると、きれいな彩りに

とうがん

とうがんと春雨のオイスターソース炒め

軽めのひと皿ランチにもおすすめの中華風メニューです。
とうがんが半透明になってほどよくやわらかくなるまで、しっかり中火で炒めてください。

材料（2人分）

春雨……50g
豚こま切れ肉……150g
とうがん……1/8個（200g）
ニラ……1/2束
しょうが（みじん切り）……小さじ1

A
- 酒……小さじ1
- しょうゆ……小さじ1

B
- 水……100cc
- 鶏がらスープの素……小さじ1/2
- オイスターソース……大さじ1
- しょうゆ……大さじ1
- 酒……大さじ1/2
- さとう……大さじ1/2

①春雨は熱湯に入れ、2分おいてかために戻す。ざるに上げて洗い、食べやすい長さに切る。
②豚肉はAで下味をつけておく。
③とうがんは種とわたを取って皮をむき、5㎜幅に切る。ニラは3㎝長さに切る。
④中華鍋にごま油大さじ1（分量外）としょうがを入れて中火にかける。香りが立ってきたら、豚肉を加えて炒める。
⑤豚肉の色が変わってきたらとうがんを入れ、半透明になるまで炒める。
⑥Bと春雨も入れ、汁気がなくなったらニラも加えてさっと炒め合わせる。

とうがん入りコーンスープ

材料（2人分）
とうがん……1/8個（200g）
コーンクリーム……1/2缶
ごま油……大さじ1
A
水……300cc
鶏がらスープの素……小さじ2
塩・こしょう……各少々

①とうがんは種とわたを取って皮をむき、1.5㎝角に切る。
②鍋にごま油を入れて中火で熱し、とうがんを炒める。Aを加えたら強火にし、煮立ったら蓋をして弱火にし、とうがんがやわらかくなるまで5分ほど煮る。
③コーンクリームを加えて強火にし、ひと煮立ちさせたら火を止める。

とうがんの甘酢

point
とうがんは水分が多いのでしっかり絞り、酸味がなじむように酢を混ぜたらしばらくおく

材料（4人分）
とうがん……1/8個（200g）
きゅうり……1/2本
にんじん……20g
A
さとう……大さじ1と1/2
酢……大さじ1
しょうゆ……大さじ1/2
ごま油……小さじ1
塩……ひとつまみ

①とうがんは種とわたを取って皮をむき、薄切りにする。きゅうりは縦半分に切ってから斜め薄切りにする。にんじんはせん切りにする。
②ボウルに①を入れ、塩少々（分量外）をまぶして10分おく。しんなりしたら、さっと洗って水気を絞り、酢大さじ1（分量外）を混ぜてさらに10分ほどおく。
③もう一度水気を絞り、Aを混ぜ合わせて加え、和える。

column

西脇市と近郊の夏

ちょっと動いても汗が落ちる暑い夏。
山間に広がる麦畑や田んぼを横切れば、
その時々でさまざまな表情に出合えます。
季節の野菜や果物と同じく、
私たちの日々の源となる麦や米。
少しずつ育っていく姿を目にするたびに
誇らしい気持ちが湧いてきます。

いつも野菜を届けてくれる「ふえのみち農園」さんを訪ねて。「元気に育った野菜は美味しい」をテーマに土作りから取り組み、日々栽培方法を探求している

金色の麦穂がまぶしい麦畑。米麦二毛作が多く、農家さんは大忙し

初夏には、加東市にある「こはれ農園」さんの直売所の桃を買いに。やしろの桃と呼ばれるこの辺りの桃は、すごく美味しい。お店でもコンポートやジャムにしてメニューに取り入れている

初夏の荘厳寺では、青々として生命力あふれる青モミジが楽しめる

木漏れ日が美しい荘厳寺の苔の石段。黒田官兵衛ゆかりの寺で、石段を上ると白木造りの本堂や多宝塔が現れる

山のシルエットが際立つ、夕焼けのひととき。梅雨前の時期には、夜に川沿いを歩くと蛍が舞う姿も見られる

6月になると、辺り一面に田植えを終えた田んぼが広がる

山の新緑が青々としてくる頃、ふもとの麦畑では麦穂がきらきらと金色に光ってとても美しく、あの〝青き衣まといし者〟が歩いてきそうだなぁと、見惚れてしまいます。

麦の収穫が終わると次はお米。田植えが済むとひとまずほっとして、稲が大きくなってきたら台風で倒れないか心配して、稲穂がたわわに実ったらわくわくして、無事に稲刈りが終わると安堵と感謝。自分の田んぼではないけれど、お米は私たちの要なのでいつも気にして観察しています。

西脇市は2024年の夏、同日の全国の最高気温39・5℃を記録しました。湿度が高いのでただただ蒸し暑い。

私は暑さに負けないように、冷たいものやさっぱりしたものばかり食べないよう、しっかり料理して食べることを心掛けています。なすやピーマン、かぼちゃ、とうがんなど、カラフルな夏野菜に元気と栄養をもらいます。

夏の朝の仕込みは3時から。朝の早いうちにエアコンをつけずに汗だくで仕込みをして、仕込みがひと段落したら行水。汗がひいたところでエアコンをつけ、昼間はなるべく外出しないようにしています。

夕方に聞こえてくるヒグラシの鳴き声は「外に出ても大丈夫ですよ」と教えてくれているようで、今日も無事に暑さを乗り切った、とほっとします。

春夏秋冬
野菜が主役のレシピ

秋の野菜

食欲の秋を支えてくれる、頼もしい秋の野菜たち。
涼風を感じる頃から市場に並び始め
日を追うごとに色も香りも味わいもどんどん強くなって、
料理をより美味しく、味わい深くしてくれます。
にんじんやさつまいも、里いもなど、
地元西脇で育てている野菜もいろいろ。
ご近所さんの庭で、たわわに実っているすだちを
よく見かけるのもこの時期です。
「たくさん採れたので」の言葉とともに
季節の恵みが行き交う日常は、何にも代えがたい喜び。
香りも味も食感もしっかり主張のある秋の野菜料理は、
暮らしの場所とつながった里山生まれのメニューです。

秋野菜の味わい方と扱い方のコツ

たくさん使うさつまいもは、いつも箱買い。右／春菊、すだち、里いも。左／れんこん、にんじん。里いもは西脇に来てからよく使うようになった野菜。手に入れたらすぐに皮をむき、下ゆで後にひと口大に切って冷凍し、冷凍のまま煮物などに使う。ほかに、小松菜もこの時期の定番野菜。さっとゆでて水気をきり、絞らずに容器に入れて冷蔵庫へ。料理に合う長さに切り、水気を絞ってから加える

にんじん

年中出まわっている野菜ですが、ここ西脇では葉つきのにんじんが秋に並ぶので、特にこの時期によく使うように。採れたてのものはタワシで洗って皮ごと使うこともあります。独特の香りが少し苦手でも、ほかの素材とかき揚げにしたり、柑橘類や酢をきかせたサラダにすると、クセが和らいで食べやすくなります。

さつまいも

甘いさつまいもはおかずになりにくいと思われがちですが、カレー粉やみそなど塩辛い調味料や塩気の強いベーコンともよく合い、意外と酢の物でも美味しいです。つぶして使うなど形を気にしない料理には、甘みがしっかり出るので丸ごと蒸すのがおすすめ。寒さに弱いので保存は冷暗所で。

れんこん

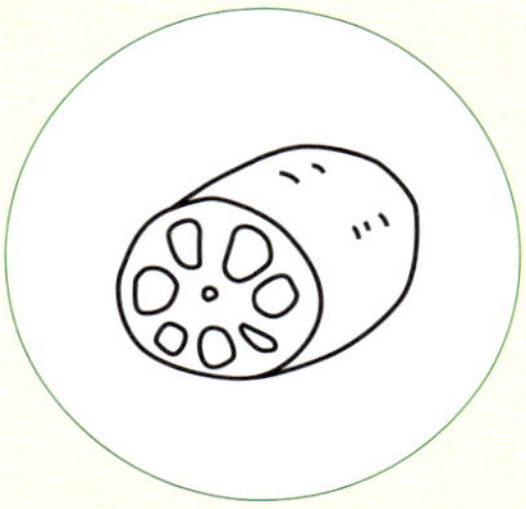

皮は繊維に沿ってピーラーでむき、輪切りに限らずコロコロに切ったり刻んだりして、サラダや揚げ物にもよく使います。大きいと切る時に割れてしまうことがありますが、皮をむいて5分ほど塩ゆでしてから切ると、すっときれいに切れます。保存は新聞紙に包んで冷蔵庫へ。皮をむいてしまってから半端が出たら、酢水につけて冷蔵保存を。

春菊

独特の香りとクセのある味わいがたまらなく好きで、お浸しやポテトサラダ、メンチカツなど、いろいろな料理に使います。すぐに傷むので、手に入れたら即料理。下ゆでのコツは、葉先を手で持って軸だけ先に湯に入れてゆがくこと。香りを生かすにはざるに上げて急冷するのが一番ですが、色鮮やかに仕上げたい時は冷水に取ります。

すだち

添え物に限らず、料理やお菓子にも使えます。柚子と比べるとすっきりしていてクセがなく、レモンよりも小さく酸味もやさしいので、いろいろな場面で重宝。収穫後、しばらくおくと熟れて黄色くなり酸味も抜けてくるので、キッチンペーパーで包み、ポリ袋に入れて冷蔵庫へ。たくさん手に入ったら、果汁を搾って冷凍保存しています。

にんじん

豚肉とにんじんのごま炒め

ごま風味で食欲をそそる一品。にんじんは短冊切りにすることで火の通りが早くなり、味もよくなじみます。食べ応えがあるのでメインのおかずに◎。

材料（2人分）
豚こま切れ肉……150g
にんじん……1本（200g）
しめじ……100g
A
白すりごま……大さじ2
オイスターソース……大さじ1と1/2
マヨネーズ……大さじ1と1/2
しょうゆ……小さじ2

① にんじんは5㎝長さの短冊切りにする。しめじはほぐす。
② フライパンにサラダ油小さじ2（分量外）を入れて中火で熱し、豚肉を炒める。色が変わってきたら、にんじんを加えて炒める。
③ にんじんが少ししんなりしたら強火にし、しめじも入れてさっと炒める。**A**を混ぜ合わせて加え、手早く炒め合わせる。

point

にんじんに火が通り過ぎて味が損なわれないように、せん切りではなくさいの目切りに

にんじんとちくわのかき揚げ

ふんわりボリュームのあるかき揚げで、コロコロのにんじんが新食感。頬張るとちくわの旨みがじわっと広がり、にんじんのおいしさもしっかり楽しめます。

材料（4個分）

にんじん……1/2本（100g）
ちくわ……小2本（50g）
薄力粉……20g
片栗粉……20g
水……30cc
塩……ひとつまみ
揚げ油……適量

①にんじんはさいの目切りにする。ちくわは5㎜厚さの輪切りにする。

②ボウルに①を入れて薄力粉と片栗粉をまぶし、水と塩も加えて混ぜる。

③②を1/4量ずつお玉ですくって形を整え、160℃に熱した油にすべらせながらそっと落とす。30秒ほどして表面がかたまってきたら返し、1分揚げる。もう一度返し、さらに30秒ほどからりと揚げる。

お弁当にも

にんじんの酢ナムル

材料（作りやすい分量）

にんじん……1本（200g）

塩……小さじ1/2

A

- 白すりごま……大さじ1
- ごま油……大さじ1
- 酢……小さじ1
- うす口しょうゆ……小さじ1
- 塩……小さじ1/4

①にんじんはせん切りにし、塩をまぶして10分おく。しんなりしたらさっと洗って水気をよく絞る。

②ボウルに**A**を合わせ、①を入れて和える。

常備菜

お弁当にも

にんじんと大豆のカレーマリネ

材料（4人分）

にんじん……1/2本（100g）

大豆水煮……80g

たまねぎ……20g

A

- 水……50cc
- さとう……大さじ1
- カレー粉……小さじ1
- 塩……小さじ1/2

酢……大さじ2

①にんじんはピーラーで1cm幅の薄切りにする。ボウルに入れ、塩ひとつまみ（分量外）を加えて軽くもみ、しばらくおく。

②たまねぎはみじん切りにする。

③鍋に水気をきった大豆、②、**A**を入れ、ひと混ぜして中火にかける。ひと煮立ちしたら火を消し、酢を入れて冷ます。

④①をさっと洗って塩を落とし、水気を絞って③に入れて和える。しばらくおいて味をなじませる。

常備菜

さつまいも

point
いかはかたくならないようにいったん取り出し、さつまいもだけを煮てから最後に合わせる

いかとさつまいもの煮物

さつまいもといかの風味がよく合い
ほっと和むような美味しさに。
甘辛い調味料がじんわり広がり、
お酒もご飯もどんどんすすみます。

材料（作りやすい分量）
さつまいも……大1本（300g）
するめいか……1杯（20cm）
A
酒……大さじ3
さとう……大さじ1と1/2
しょうゆ……大さじ1と1/2
みりん……大さじ1

①さつまいもは皮ごと1cm厚さの輪切りにして水にさらす。
②いかは足を引っ張って内臓と軟骨を取り出し、きれいに洗って水気をきる。胴は1cm厚さの輪切りにする。足は内臓から切り離して吸盤をしごき取るようにして洗い、水気をきって食べやすい大きさに切る。
③鍋に②と**A**を入れ、蓋をして強火にかける。煮立ったら弱火にし、1分ほど煮ていかをいったん取り出す。
④③の鍋に水気をきった①と水1カップ（分量外）を足して強火にかける。煮立ったら弱火にし、落とし蓋と鍋蓋をしてさつまいもに火が通るまで5～10分煮る。
⑤④の鍋にいかを戻して強火にし、ひと煮立ちさせたら火を止める。

さつまいもと白菜のミルクスープ

材料（2人分）
さつまいも……大1/2本（150g）
白菜……150g
ベーコン……2枚（40g）
コンソメ……1個
水……1カップ
牛乳……3/4カップ
塩・こしょう……各少々

①さつまいもは皮ごと1cm厚さのいちょう切りにして水にさらす。白菜とベーコンは1cm幅に切る。
②鍋に水気をきったさつまいも、白菜、ベーコン、コンソメ、水を入れ、蓋をして強火にかける。煮立ったら弱火にし、さつまいもがやわらかくなるまで5分ほど煮る。
③牛乳を加え、温まったら塩、こしょうを加えて味を調える。

さつまいもとナッツのマッシュ

お弁当にも
常備菜

材料（作りやすい分量）
さつまいも……大1本（300g）
素焼きミックスナッツ……20g
無塩バター……10g
牛乳……50cc
塩……少々

①ミックスナッツは粗く刻む。
②さつまいもは皮をむかずに丸ごと蒸し器に入れ、やわらかくなるまで蒸す。ボウルに移して端のかたい部分を取り除き、熱いうちにすりこぎでつぶしてバターを加え、よく混ぜる。牛乳も熱いうちに少しずつ加えて混ぜる。
③なめらかになったら塩とミックスナッツを加えて混ぜ合わせ、冷ます。

れんこん

point
ひき肉ではなく、あえてむね肉をさいの目切りにして合わせ、より食べ応えのあるカツに

鶏肉とれんこんの寄せカツ

シャキシャキ感が楽しいボリュームおかず。たっぷりのれんこん&シンプルな味つけで、見た目を裏切るあっさりとした食べやすさ。冷めても美味しくいただけます。

材料（8個分）
鶏むね肉……1枚（250g）
れんこん……1/2節（100g）
A 卵……1個
小麦粉……大さじ2
塩……小さじ1/2
こしょう……少々
パン粉……適量
揚げ油……適量

①鶏肉は皮を取り除いてさいの目に切り、ボウルに入れる。れんこんもさいの目に切って水にさらし、水気をしっかりきる。パン粉はバットに入れておく。
②①の鶏肉に**A**をもみ込み、れんこんも加えてざっくり混ぜる。
③②を8等分し、スプーンですくって①のバットに落とし、パン粉で包むように平たく丸める。
⑤160℃に熱した油に入れ、表面がかたまってきたら返す。弱火で5分、強火にして1分、何度か返しながらからりと揚げる。

お弁当にも

れんこんと大豆の炊きおこわ

やさしい味つけのもちもちしたおこわです。
ほくほくのれんこん、
ふんわりやわらかい大豆、
もっちりご飯の3つの食感が楽しめます。

材料（作りやすい分量）
もち米……1合
米……1合
れんこん……1節（200g）
大豆水煮……60g
塩……小さじ1

①もち米と米は合わせて洗い、30分以上浸水させる。
②れんこんは1㎝厚さのいちょう切りにし、水にさらしたら水気をきっておく。
③炊飯器に①を入れ、1.5合の目盛りまで水（分量外）を入れる。
④塩を加えて混ぜ、れんこんと水気をきった大豆をのせて普通に炊く。炊き上がったら5〜10分ほど蒸らし、さっくり混ぜる。

お弁当にも

れんこんのカレーきんぴら

材料（作りやすい分量）
れんこん……1節（200g）
カレー粉……小さじ1
青のり……適量
A
酒……大さじ1
みりん……大さじ1
さとう……大さじ1
しょうゆ……大さじ1

①れんこんは薄い半月切りにして水にさらし、水気をしっかりきる。
②鍋にサラダ油小さじ2（分量外）を入れて中火で熱し、①を炒める。
③少し火が通ったらカレー粉を加え、炒るように手早く炒めて火を弱める。
④**A**を右から順に加え、調味料がとろっとしてくるまで2分ほどじっくり炒める。
⑤器に盛って青のりをかける。

常備菜

お弁当にも

れんこんの粒マスタードマリネ

材料（作りやすい分量）
れんこん……1節（200g）
A
粒マスタード……大さじ1
はちみつ……小さじ2
うす口しょうゆ……小さじ2

①ボウルに**A**を合わせておく。
②れんこんは薄い半月切りにする。さっとゆでて水気をきり、熱いうちに①に入れて絡め、そのまま冷ます。

常備菜

お弁当にも

point
マリネ液にはちみつを加えて、酸味をまろやかに

春菊とごぼうのメンチカツ

私のイチオシコンビで作る秋のアレンジメンチカツです。同じキク科の野菜なので、ごぼうと春菊は、相性が抜群。お肉たっぷりの揚げ物ですが、野菜の香りと食感も楽しめます。

材料（4個分）

豚ひき肉……150g
たまねぎ……大1/5個（60g）
春菊……20g
ごぼう……1/5本（40g）
パン粉……大さじ2
溶き卵……1/3個分
塩……小さじ1/4
ナツメグ……少々
こしょう……少々

［衣］
小麦粉……適量
溶き卵……適量
パン粉……適量

揚げ油……適量

① たまねぎは粗みじんに切る。フライパンにサラダ油少々（分量外）を入れて強火で熱し、さっと炒めたら冷ましておく。
② ごぼうはささがきにして酢水にさらし、ざるに上げて水気をよくきっておく。春菊は1cm長さに切る。
③ ボウルに豚肉を入れ、塩、こしょう、ナツメグを加えてよく練る。①、パン粉、溶き卵も加えてさらにしっかり練り、②を加えてよくなじませる。
④ 4等分にして丸め、小麦粉、溶き卵、パン粉の順に衣をつける。
⑤ 160℃に熱した油に入れ、表面がかたまってきたら返し、弱火にして5分、強火にして1分、何度か返しながらからりと揚げる。

お弁当にも

春菊とまいたけのポテトサラダ

炒めたベーコンとまいたけを混ぜたコクのあるポテサラです。マヨネーズのきいた濃いめの味で、お酒のおともにもぴったり。じゃがいもは好みの加減でつぶしてください。

材料（作りやすい分量）

じゃがいも……大2個（250g）
たまねぎ……大1/8個（40g）
春菊……1/4束（50g）
まいたけ……1/2パック（50g）
ベーコン……1枚
A［酢……大さじ1/2
　塩……小さじ1/4
　こしょう……少々］
マヨネーズ……40g

①じゃがいもは2cm角に切り、たまねぎは繊維に沿って薄切りにする。それぞれざるに入れ、蒸し器でやわらかくなるまで蒸す。蒸し上がったら、たまねぎはそのまま冷まし、じゃがいもはボウルに移し、ゴムべらで粗くつぶしてAで下味をつけ、冷ましておく。
②ベーコンは1cm幅に切る。まいたけはほぐす。フライパンにサラダ油少々（分量外）を入れて中火で熱し、さっと炒めてしょうゆ少々（分量外）を混ぜ、冷ましておく。
③春菊はさっと塩ゆでして冷水に取り、水気を絞って2cm長さに切る。
④①、②、③をマヨネーズで和える。

春菊と卵の巾着煮

材料（2人分）
油揚げ（7×15cm）……2枚
卵……2個
春菊……1/4束（50g）
A
- だし汁……300cc
- 酒……大さじ2
- みりん……大さじ2
- しょうゆ……大さじ2
- さとう……大さじ1

①油揚げは短い一辺の端に切り込みを入れて袋状に開き、熱湯にくぐらせて油抜きする。冷水に取って冷まし、手のひらで挟んで水気を絞る。
②春菊は3cm長さに切る。
③油揚げ1枚に卵1個を割り入れ、上に春菊の半量を詰めて口を爪楊枝で縫うように留める。同様にもうひとつ作る。
④鍋にAを煮立てて③を口が上になるように立てて並べ、中火で2分煮る。卵がかたまってきたら寝かして3分、ひっくり返してさらに5分煮る。

春菊とカマンベールチーズのナッツ和え

材料（4人分）
春菊……1束（200g）
カマンベールチーズ……1/2個（45g）
ピーナッツ……50g
A
- さとう……大さじ1と1/3
- しょうゆ……大さじ1

①春菊はさっと塩ゆでして冷水に取り、水気を絞って3cm長さに切る。
②すり鉢でピーナッツをすりつぶし、Aを加えて混ぜる。①と小さくちぎったチーズも加え、ざっくり和える。

お弁当にも

point
チーズはクリームチーズやプロセスチーズなど、お好みで代用も可

すだち

鶏のハニーすだちソテー

やわらかくジューシーな鶏肉料理。しっかりした味つけでもすだち効果で後味はさっぱり。ソースにはちみつを使うことで、すっきりとした甘さになり、風味が増してとろみもつきます。

材料（2人分）

鶏もも肉……小2枚（400g）
すだちのスライス……1個分
A「すだちの搾り汁……大さじ2
　はちみつ……大さじ2
　しょうゆ……大さじ1
塩・こしょう……各少々

①鶏肉は両面に塩、こしょうをまんべんなくふっておく。
②フライパンにサラダ油少々（分量外）を入れて中火で熱し、鶏肉を皮目を下にして並べる。10分焼いたら返して弱火に、さらに5分ほど焼いて火が通ったら器に盛る。
③②のフライパンの余分な油をふき取り、すだちのスライスと**A**を入れて中火にかけ、少し煮詰めたら鶏肉にかける。

焼きさんまのすだちドレッシングサラダ

生野菜たっぷりで、パンにも合うひと皿。
すだちの果汁を加えた風味豊かなドレッシングは、
ゆで野菜や豆腐にかけても美味しいです。

材料（2人分）
さんま……2尾
ベビーリーフ……50g
大根……50g
にんじん……20g
すだちの皮（すりおろし）……1個分
A
すだちの搾り汁……大さじ2
しょうゆ……大さじ1
さとう……小さじ2
ごま油……小さじ2
塩・こしょう……各少々
薄力粉……少々

①さんまは3枚におろして腹骨をすき取る。ひと口大に切って塩、こしょうをふり、薄力粉をまぶす。フライパンにサラダ油少々（分量外）を入れて中火で熱し、両面をこんがり焼く。
②大根とにんじんは3cm長さのせん切りにし、ベビーリーフと合わせる。
③**A**を混ぜ合わせてドレッシングを作る。
④①と②を器に盛り合わせ、③のドレッシングをかけてすだちの皮をちらす。

ベーコンときのこのすだちクリームスパゲティ

材料（2人分）

スパゲティ……160g
ベーコン……2枚
きのこ（しめじ、まいたけなど）……100g
オリーブ油……大さじ1
A
- 牛乳……100cc
- 生クリーム……100cc
- すだちの搾り汁……大さじ2
- すだちの皮（すりおろし）……1個分
- スパゲティのゆで汁……大さじ1

塩・こしょう……適量

①湯2ℓに塩小さじ2（分量外）を入れ、スパゲティを表示通りにゆでる。
②ベーコンは1㎝幅に、きのこは食べやすい大きさに切る。
③フライパンにオリーブ油を入れて強火で熱し、②を炒める。火が通ったら**A**を加えて中火にする。
④③が煮立ったら湯をきったスパゲティを入れて絡め、火を消して塩、こしょうで味を調える。

鶏と大根のすだち煮

材料（2人分）

鶏もも肉……1枚（300g）
大根……10㎝（300g）
すだちのスライス……1個分
すだちの搾り汁……大さじ1
A
- 酒……大さじ1
- 塩……少々

B
- だし汁……1カップ
- みりん……大さじ2と1/2
- うす口しょうゆ……大さじ2

①鶏肉はひと口大に切り、**A**をもみ込んでおく。
②大根は1㎝厚さのいちょう切りにする。かために下ゆでしたら水に取って冷まし、ざるに上げて水気をきっておく。
③鍋にサラダ油少々（分量外）を入れて中火で熱し、鶏肉を炒める。焼き色がついたら大根と**B**を加え、煮立ったら落とし蓋をして弱火で煮る。
④大根がやわらかくなったら、すだちのスライスと搾り汁を入れて強火にし、ひと煮立ちさせる。

column

西脇市と近郊の秋

暑さが少し和らいだら、
すぐそこまで秋が来ている証。
ふと遠くの森や山を見渡すと
木々がほんのり色づいています。
黄色、だいだい色、赤色……
実り多き里山の幸を味わい、
移りゆく自然の美しい姿を
日々近くで楽しめるのは、
何よりうれしいごほうびです。

店のテラス席を囲むように茂るススキと、少しずつ色づき始めた荘厳寺のモミジ。季節が巡り、すっかり秋になったことを教えてくれる

落ち葉の中を駆け回るのが好きな愛犬インゼを連れて

周辺の荘厳寺や西林寺など、紅葉のきれいなスポットが点在している西脇市。お客様が色づきを教えてくれた場所に出掛けてみたり、見頃になるまでの間もワクワクしながら秋の風情を楽しんでいる

だんだん色づく様子が美しい山々は、妙見山や白山など。登山で訪れる人も多く、私もいつかは登る予定

昔懐かしいアラジンのストーブはエアコンと併用して。やかんをおいて湯を沸かせば加湿もでき、寒い季節には重宝

干し柿は乾いた冷たい風にさらすとぐんぐんと縮む。途中でもんでおくと種が取りやすい

「日本へそ公園」にあるメタセコイヤは、黄色から真っ赤に。晩秋や霜秋、どちらの季節もおすすめ

お盆が過ぎた頃、朝晩が涼しくなってさらっとした風が吹くようになります。空にはうろこ雲がぽこぽこ浮いていて、都会に比べて秋が来るのが早いなぁと感じます。

それとは反対に、なすやピーマンがいつまでも直売所に並んでいて、端境期の野菜不足を補ってくれます。秋ズッキーニというのも西脇に来て初めて知りました。

かもめ食堂は丹波や篠山が近いこともあって、黒枝豆や丹波栗など秋の味覚を求めに、遠方からのお客様がいっそう多くなります。

お店の営業も忙しくなり、村の祭りやマルシェのようなイベントも多く、毎日があっという間に過ぎていきますが、紅葉は時間を割いてでも見に行く秋ならではのお楽しみです。

お店からすぐの荘厳寺のモミジ、少し足を延ばして西林寺のドウダンツツジ、日本へそ公園のメタセコイヤ。お気に入りの場所に何度も出掛けて見届けます。

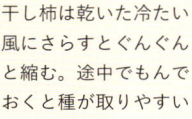

春夏秋冬 野菜が主役のレシピ

冬の野菜

栄養をたくわえながら、寒い季節に美味しくなる冬野菜。
収穫後も日持ちする野菜が多いので、
大きなものは切り分けながら、
いろいろなメニューに使います。
クセが少なく、味も含みやすい大根やかぶは、
みずみずしさや歯応えが楽しめるサラダにしたり、
体がほっこり温まる煮物にしたり、
どんな料理にも使いやすいオールラウンドな野菜。
葉や皮なども余すところなく活用して
冬限定の常備菜や保存食も手作りすれば、
買い出しに行けない雪の日も心穏やかに過ごせます。
外の景色がさみしい季節だからこそ、
食卓がほんのり華やぐような冬野菜の料理を紹介します。

冬野菜の味わい方と扱い方のコツ

ごぼう、大根、丸大根、白ねぎ、春菊、カリフラワー、小かぶ。大根やかぶは、生でも加熱しても美味しくいただける便利な冬野菜。さっと下ゆですると味がなじみやすくなり、肉や魚とも好相性。秋から春先までずっと手に入る春菊は、色も味も主張が強く、たんぱくになりがちな冬野菜料理のほどよいアクセントに。ごぼうは洗って冷蔵保存し、ほかの野菜と一緒に少しずつ料理に使うのがおすすめ

大根

和のイメージがありますが、トマトと一緒にスープにしたり卵と炒めたり、洋風仕立ての料理にしても美味。葉に近いほど旨みが増すので、上部は大根おろしなど生で使う料理に、下部はみそ汁や炒め物に使います。霜がおりる前だけ出まわる貴重な大根葉は、手に入ったら小口切りにして冷凍し、料理の彩りに活用。皮も浅漬けにします。

カリフラワー

あまりなじみがないという人も多いですが、コリコリした食感が大好き。さっと塩ゆでしてサラダに入れたり、肉巻きにしたり、いろいろな料理に使えます。花蕾の先端から包丁を入れるとバラバラになるので、小房に切り分けて茎の方から包丁を入れ、手で裂いていきます。保存はラップをかぶせて冷蔵庫で。

白ねぎ

青ねぎは薬味に使いますが、白ねぎは料理の主役素材。一番外側はかたいので、ひとむきしてから料理に使い、とろけるような食感を楽しみます。先端の緑の部分は、肉と一緒に下ゆでして臭み取りに活用することも。青ねぎと白ねぎの中間種のねぎは、緑の部分もやわらかくて甘みがあるので、料理に加えて味わいます。

かぶ

ほんのり甘みがあり、サラダや酢の物のほか、肉巻きや炒め物など、幅広く使えます。火の通りが早く煮くずれしやすいので、スープなどに入れるなら短い時間で仕上げるのがコツ。皮は刻んで塩と昆布とともに浅漬けに。葉も美味しいので煮物や炒め物に活用しますが、大根葉よりも水分が多いので、ゆがいてから使うのがおすすめ。

ごほう

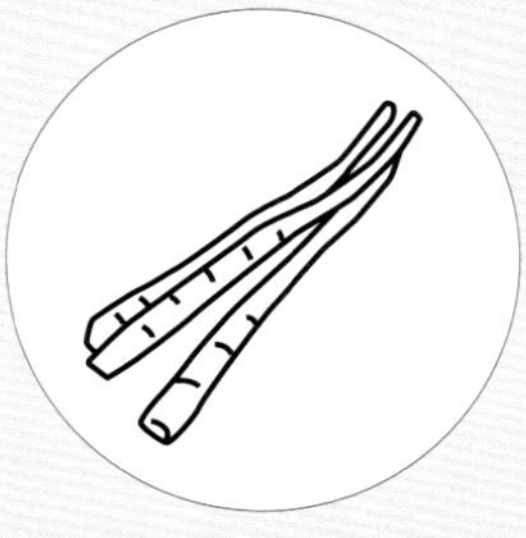

お店では、ひじきやまいたけを混ぜたきんぴらでおなじみ。ほかは、かき揚げやサラダ、カレー、ラタトゥイユ、みそ汁などにも。風味は強いですが意外と何に合わせても美味しくいただけます。手に入れたらすぐにタワシで洗って土を落とし、ラップをして冷蔵庫へ。その都度切り分けるだけでさっと使えるので便利です。

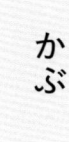

大根とひき肉のトマト煮

トマトの風味が爽やかで
さらっとした後味の
洋風メニューです。
主役の大根が
ほろりとやわらかく、
パンもご飯も相性よし。

材料（作りやすい分量）
- 豚ひき肉……100g
- 大根……10cm（300g）
- たまねぎ……中1/4個（50g）
- トマト水煮……1/2缶
- パセリ（みじん切り）……適量
- **A**
  - 水……1/4カップ
  - ケチャップ……大さじ1
  - コンソメ……1/2個
  - さとう……小さじ1/4
  - 塩……小さじ1/4
  - こしょう……少々

① 大根は2cm厚さのいちょう切り、たまねぎはみじん切りにする。
② 鍋にオリーブ油大さじ1（分量外）を入れて中火で熱し、たまねぎ、豚肉を炒める。豚肉の色が変わってきたら大根も加え、1分炒める。
③ トマトの水煮を手でざっくりつぶしながら加えて弱火にし、**A**も加える。蓋をして時々かき混ぜながら、大根がやわらかくなるまで10～15分煮る。
④ 器に盛ってパセリをちらす。

point
トマトの水煮は手でほぐすと楽。かぶやにんじん、里いもで作るのもおすすめ

鮭と大根の炊き込みご飯

大根たっぷりでも臭みはなく、やさしい味わい。
彩りもよく、冷めても美味しくいただけます。
大根から水分が出るので、だし汁は少なめに。

材料（作りやすい分量）

米……2合
塩鮭……2切れ（160g）
大根……5㎝（150g）
大根葉……適量
A［酒……大さじ2
　うす口しょうゆ……大さじ2
だし汁……適量

① 米は洗って30分浸水させたらざるに上げ、水気をきっておく。
② 大根は拍子木切りにする。大根葉は小口切りにして塩もみし、さっと洗って水気を絞っておく。
③ 炊飯器に米を入れて**A**を加え、2合の目盛りの少し下までだし汁を入れる。ひと混ぜして鮭と大根をのせ、普通に炊く。
④ 炊き上がったら5～10分蒸らして鮭を取り出し、骨を取り除いて身をほぐす。
⑤ ④の鮭の身を炊飯器に戻し、大根葉を加えてさっくり混ぜる。

お弁当にも

大根けんちん煮

味が染みたやわらかい大根と
まろやかなコクのある豆腐で、
ほっこりとやさしい味わいに。
家庭の食卓に似合う一品です。
豆腐と油揚げの代わりに
厚揚げを加えて作ることも。

材料（作りやすい分量）

大根……10㎝（300g）
にんじん……1/4本（50g）
豆腐（木綿）……1/2丁（160g）
油揚げ（7㎝×15㎝）……1枚
A だし汁……1カップ
酒……1/8カップ（25cc）
しょうゆ……大さじ1
うす口しょうゆ……大さじ1
みりん……大さじ1/2
さとう……小さじ2

①大根、にんじんは5㎝長さの短冊切りにする。豆腐は軽く水をきっておく。油揚げは横半分に切ってから1㎝幅に切る。

②鍋にサラダ油とごま油各大さじ1（分量外）を入れて中火で熱し、大根とにんじんを炒める。少ししんなりしたら**A**と油揚げを加え、豆腐も手でざっくりくずして加える。落とし蓋をして、大根がやわらかくなるまで5分ほど煮る。

常備菜

常備菜

大根のべったら風

材料（作りやすい分量）

大根……小1本（1kg）

A
- さとう……190g
- 酒……1/4カップ
- 塩……1/4カップ
- 酢……1/4カップ

① 15×20×10cmくらいの長方形の保存容器に**A**を入れ、混ぜる。

② 大根は①の容器の長さ（20cm弱）に切ってから縦半分に切る。①に入れ、水分が出てきたら重しをのせて常温で2〜3日おく。

③ 大根にしわが寄ってきたら食べられる（以降は漬け汁ごと冷蔵庫で保存する）。

④ 汁気をきり、洗わずに食べやすい大きさに切って皿に盛る。

お弁当にも

大根のから揚げ

材料（作りやすい分量）

大根……10cm（300g）

A
- だし汁……1カップ
- 酒……小さじ2
- みりん……小さじ2
- しょうゆ……小さじ2
- さとう……小さじ1/2

片栗粉……適量

揚げ油……適量

① 大根は2.5cm厚さのいちょう切りにする。

② 鍋に大根と**A**を入れて強火にかけ、煮立ったら弱火にして落とし蓋をする。5分ほどかために煮たら火を止め、そのまま冷ます。

③ ②の大根をざるに上げ、汁気をキッチンペーパーでしっかりふき取って片栗粉をまぶす。170℃の油に入れ、2〜3分転がしながらこんがり色づくまで揚げる。

④ 皿に盛り、お好みで塩をつけていただく。

point

大根は食感が楽しめるようにゴロンとした形に切り、煮て味を含ませてから揚げる

カリフラワー

鶏とカリフラワーの甘酢あん

point
野菜は少量なので炒めたりゆでたりする下ごしらえを省き、さっと油通しを

材料（2人分）
- 鶏もも肉……小1枚（200g）
- カリフラワー……1/3株（200g）
- たまねぎ……中1/4個（50g）
- **A**
  - 水……1/2カップ
  - さとう……大さじ1と1/2
  - 酢……大さじ1と1/2
  - ケチャップ……大さじ1
  - しょうゆ……大さじ1
  - 片栗粉……小さじ1強
- 揚げ油……適量

①鶏肉はひと口大に切って塩、こしょう各少々（分量外）をふり、片栗粉少々（分量外）をまぶす。
②カリフラワーは小房に分け、たまねぎはくし形に切る。それぞれさっと素揚げしておく。
③160℃に熱した油に①を入れ、かたまってきたら返し、弱火にして5分、強火にして30秒からりと揚げる。
④鍋に**A**を入れ、混ぜながら強火にかける。とろみがついて煮立ったら火を止め、②と③を入れて絡める。

カリフラワーとたらこのスパゲティ

材料（2人分）
- スパゲティ……160g
- カリフラワー……1/3株（200g）
- たらこ……60g
- **A**
  - 牛乳……大さじ4
  - オリーブ油……大さじ2
  - うす口しょうゆ……大さじ1/2
  - こしょう……少々

①カリフラワーはごく小さい小房に分ける。
②大きめのボウルにたらこをほぐし入れ、**A**を加えて合わせておく。
③湯2ℓに塩小さじ2（分量外）を入れてスパゲティをゆでる。ゆで上がる3分前にカリフラワーを加える。
④ゆで上がったらざるに上げて水をきり、②に入れて和える。

カリフラワーのチーズちぢみ

point

水分をとばしながら焼くので蓋は不要。生地にごま油を混ぜるとカリッと仕上がる

材料（2人分）

カリフラワー…… 1/6株（100g）
たまねぎ…… 中1/4個（50g）
シュレッドチーズ…… 30g
A ［薄力粉…… 50g
　 片栗粉…… 25g
　 鶏がらスープの素…… 小さじ1
水…… 1/2カップ
ごま油…… 小さじ1

①カリフラワーは小房に分けて5㎜厚さの薄切りにする。たまねぎも繊維に沿って薄切りにする。
②ボウルにAを入れ、水を少しずつ加えながらダマができないように泡立て器で混ぜる。よく混ざったら、ごま油も加えて混ぜる。
③②に①とチーズを加え、さっくり混ぜる。
④フライパンにごま油大さじ1（分量外）を入れて中火で熱し、③を流し入れる。ヘラなどで広げて形を整え、両面3分ずつこんがり焼き色がつくまで焼く。
⑤食べやすい大きさに切り分けて皿に盛り、お好みでポン酢を添える。

カリフラワーとたこのわさびドレッシング

材料（2人分）

カリフラワー…… 1/3株（200g）
ゆでたこ…… 120g
A ［わさび（練り）…… 大さじ1/2
　 かつお節…… 3g
　 みりん…… 大さじ1
　 酢…… 大さじ1
　 しょうゆ…… 大さじ1
　 ごま油…… 大さじ1

①Aを混ぜ合わせてドレッシングを作る。
②カリフラワーは小房に分けて5㎜厚さの薄切りにし、さっと塩ゆでしたらざるに上げ、冷ましておく。
③たこは食べやすい大きさにスライスする。
④器に②と③を盛り合わせ、ドレッシングをかける。

白ねぎ

鮭とねぎの焼き南蛮

甘辛い味わいの中に
ほんのりピリ辛風味を感じる、
大人好みのおかずです。
ひと皿で魚と野菜が味わえて、
満足感もしっかり。
あじやぶりでも美味しいです。

材料（2人分）

生鮭……2切れ
白ねぎ……1本（100g）
しめじ……100g
しょうが（すりおろし）……小さじ1/2
たかのつめ（小口切り）……1本分

A
酒……大さじ2
酢……大さじ2
しょうゆ……大さじ2
さとう……大さじ1と1/2

①鮭は2～3つに切り、酒大さじ1（分量外）をふっておく。
②白ねぎは2～3cm長さに切り、しめじはほぐす。
③鍋に**A**を入れて中火にし、煮立ったらしょうがとたかのつめを入れて火を消す。
④フライパンにサラダ油少々（分量外）を入れて中火で熱し、しめじをさっと炒めて③に浸ける。同じフライパンにサラダ油少々（分量外）を足して弱火にし、白ねぎをこんがり焼き色がつくまでじっくりと焼いて③に浸ける。
⑤①に片栗粉適量（分量外）をまぶし、④のフライパンに再びサラダ油少々（分量外）を足して弱火にし、両面焼き色がつくまで焼いて③に浸ける。
⑥冷めるまでおいたら、汁ごと器に盛りつける。

常備菜

白ねぎのだし巻き卵

材料（作りやすい分量）
卵……4個
白ねぎ……1本（100g）
A
- だし汁……75cc
- うす口しょうゆ……小さじ1
- みりん……小さじ$1/2$
- 塩……ふたつまみ

①白ねぎはごく薄い小口切りにする。
②ボウルに卵を軽く溶きほぐし、①と**A**を入れて混ぜる。
③卵焼き器にサラダ油少々（分量外）を適宜ひいて中火にし、②を3～4回に分けて流し入れ、巻いていく。
④粗熱が取れたら適当な大きさに切って器に盛る。お好みで大根おろしとしょうゆを添える。

お弁当にも

豚肉と白ねぎの重ね蒸し

材料（2人分）
豚肉（しゃぶしゃぶ用）……200g
白ねぎ……2本（200g）
太もやし……1袋（200g）
A
- 白ねぎみじん切り……30g
- ポン酢……50cc
- ごま油……小さじ2

①白ねぎは斜め薄切りにする。
②耐熱容器に**A**を入れ、電子レンジ600Wで1分加熱する。
③別の耐熱皿にもやしをこんもりと盛って①をのせ、豚肉も1枚ずつ広げて放射状にのせる。ふんわりとラップをかぶせ、電子レンジ600Wで6分加熱する。ラップをしたまま1分ほどおいて余熱で火を通す。
④皿にたまった水分を捨てて全体を軽く混ぜ、②のタレをかける。

point
白ねぎ、豚肉、もやしは、ラップをしないで蒸し器で蒸してもOK

ゆで鶏とかぶのマカロニサラダ

かぶの甘みと食感が楽しめる具だくさんのサラダです。爽やかなしょうが風味にマヨネーズを加え、味わいにコクを出しています。マカロニは水洗いするとかたくなるので、少し長めに塩ゆでを。

材料（4人分）

マカロニ……100g
かぶ……大1個（150g）
ゆで鶏（p.23参照）……100g
かぶの葉……適量
しょうが……1/2かけ
A 酢……大さじ2
　サラダ油……小さじ2
　塩・こしょう……各少々
B マヨネーズ……60g
　うす口しょうゆ……少々

① マカロニは表示時間より少し長めに塩ゆでしてざるに上げ、洗って水気をよくきってボウルに移し、**A**で下味をつけておく。ゆで鶏は食べやすい大きさに手で裂いておく。

② かぶは薄いいちょう切り、かぶの葉は小口切り、しょうがはせん切りにする。

③ ボウルに②を入れ、塩小さじ1/2（分量外）をもみ込んでしばらくおく。しんなりしたらさっと洗ってざるに上げ、水気を絞る。

④ ①と③を**B**で和える。

かぶとセロリの浅漬け風

材料（作りやすい分量）
かぶ……大1個（150g）
セロリ……1本
A
- 水……100cc
- 昆布茶……小さじ1
- 酢……大さじ1
- さとう……大さじ1/2
- 塩……小さじ1/2
- うす口しょうゆ……小さじ1/2
- たかのつめ（小口切り）……1本分

①かぶは薄いいちょう切り、セロリは斜め薄切りにする。ボウルに入れて塩小さじ1/2（分量外）をもみ込み、10分おく。
②小鍋にAを入れて中火にかける。沸騰前に火を消し、しっかり冷ましておく。
③①の水気を絞って②に浸し、ひと晩冷蔵庫において味をなじませる。

常備菜

point
合わせ調味料は煮立て過ぎると酢の酸味がとんでしまうので、沸騰寸前で火を消して

豚肉とかぶのカレー炒め

材料（2人分）
豚こま切れ肉……150g
かぶ……大2個（300g）
かぶの葉……適量
カレー粉……大さじ1
A
- 酒……小さじ1
- しょうゆ……小さじ1

B
- 酒……大さじ3
- さとう……大さじ2
- しょうゆ……大さじ2

①豚肉はAで下味をつけておく。
②かぶは5㎜厚さのいちょう切りにする。かぶの葉は3㎝長さに切る。
③フライパンにサラダ油大さじ1（分量外）を入れて中火で熱し、豚肉を炒める。
④豚肉の色が変わったらかぶを入れて1～2分炒め、カレー粉も加えて炒める。
⑤カレー粉が全体に絡まったらかぶの葉を入れてBを合わせて加え、強火にして水分をとばすように炒める。

いわしとごぼうの梅煮

ごぼうの香ばしさと梅の風味で食欲をそそる、ご飯に合う一品です。梅を加えることで、いわしの生臭さが和らぎ、身はやわらかくほろほろに。

材料（2人分）
いわし……4尾
ごぼう……1/4本（50g）
しょうが……1/2かけ
梅干し……大1個
A 水……3/4カップ
酒……1/4カップ
みりん……1/4カップ
さとう……大さじ1と1/2
しょうゆ……大さじ1と1/2

①いわしは頭と内臓を取り除いてきれいに洗い、キッチンペーパーで水気をふき取る。
②ごぼうは洗って5㎝長さに切ってから縦半分（太ければ1/4）に切り、2〜3分下ゆでしておく。しょうがはせん切りにする。
③フライパンに**A**を煮立てて①と②を入れ、梅干しもちぎって加える。紙蓋をして弱〜中火にし、時々煮汁をかけながら10分ほど煮る。

point
いわしの表面を傷つけないように、落とし蓋は紙蓋で

牛ごぼうカツ

お弁当にも

材料（4個分）
牛こま切れ肉……120g
ごぼう……1/4本（50g）
A［溶き卵……1/4個分
　塩・こしょう……各少々
［衣］
［小麦粉……適量
　溶き卵……適量
　パン粉……適量
揚げ油……適量

①牛肉は2cmくらいに切る。ごぼうは短いささがきにして酢水にさらし、ざるに上げて水気をきっておく。
②ボウルに①の牛肉を入れてAをもみ込む。ごぼうも加えて混ぜ、4等分にして小判形に丸める。
③小麦粉、溶き卵、パン粉の順に衣をつける。
④160℃に熱した油に入れ、表面がかたまってきたら返し、弱火で5分、強火にして1分、何度か返しながらからりと揚げる。皿に盛り、お好みでウスターソースをかける。

ごぼうの青のり和え

常備菜

お弁当にも

材料（作りやすい分量）
ごぼう……1本（200g）
青のり……大さじ1
A［だし汁……300cc
　みりん……大さじ1
　さとう……大さじ1
　しょうゆ……大さじ1

①ごぼうは長めの乱切りにし、2〜3分下ゆでしておく。
②鍋に①とAを入れて煮立て、落とし蓋をして弱火にし、10分煮る。
③落とし蓋を取って強火にし、煮汁がほとんどなくなるまで煮たら火を止める。
④冷めたら青のりを絡める。

point
青のりは風味がとばないように、ごぼうが冷めてから絡めて

column

西脇市と近郊の冬

キーンと冷えた空気が張りつめる、里山の冬。朝起きるのも外に出るのも覚悟のいる日々ですが、麦は健気に芽を伸ばします。冬恒例のみそ作りは、ゆで上がった大豆の香りが部屋いっぱいに広がり、幸せな気分に浸れる手仕事。毎年せっせと仕込みます。

テラス席を見守る雪だるま

かもめ食堂のある黒田庄町は、西脇市中心部よりも山深く、冬は本当に寒い。

朝の厨房は室温0℃。冷蔵庫を開けるとふわっと温かくて、冷蔵庫が壊れたかと錯覚するくらい。冷凍庫のものを解凍する時は冷蔵庫に入れておかないといけません。

そんな寒さのおかげで、冬は野菜の買い込みができます。白菜、大根、ねぎなど、新聞

冬になると、母の手も借りてみそを作る。米こうじ2：大豆2：塩1の昔ながらの配分で、お店でも家でも使うので仕込みはいつも大豆20kgほど。重しをして1年ほど寝かすと茶色くなり、美味しいみそができ上がる

なだらかな山並みも冬の装いに

この辺り一帯は、年に数回ほど雪が降る。大根や白菜など、寒さの中でより甘さが増していく

ご近所さんの畑で収穫を体験

雪の中に青々とした芽がきれいに列をなしている麦畑

大根や丸大根を分けていただく

紙で包んで袋に入れて倉庫においておけば長持ちします。さつまいもや里いもは寒さに弱いので、新聞紙で包んで室内の寒くならないところで大事に保管しています。

虫がいなくなること、草刈りをしなくていいことも、冬の寒さのいいところです。

困るほどの積雪を体験したことはまだないので、雪が降るのは楽しみにしています。雪が積もったら街中に出ることは諦めて、営業も諦めて？　愛犬インゼと一緒に雪遊び。雪が解け出して屋根からどさっ、どさっと落ちるのもびっくりしつつ楽しんでいます。インゼは怖がってずっと鳴いていますが。

そんな銀世界を楽しめる日はひと冬に2〜3回くらいと少ないのですが、地面の葉や土に降りた霜が朝日にきらきらと解けていく様子は、冬の間、多くの日に楽しめます。それに朝もやが立ち込めていたら幻想の世界そのもので、それはそれは美しい景色です。

寒い寒いと言いながらも年末年始を忙しく過ごしたり、みそを仕込んだり、庭木の手入れをしたりしていると、ある日ふわっといい香りが漂ってきて、梅の花に春が来ることを教わります。

冬が終わって、移住して4回目の春を迎えようとしています。

味も見た目も
懐かしい

かもめ食堂のプリン

弾力のあるかための生地、
軽やかに広がる卵の風味、
しっかりビターなカラメル。
どこか懐かしくて、
やさしい味が人気の
店の定番デザートです。

かもめ食堂の定食やお弁当に似合う、家庭的なデザートメニューを作りたい。そんな思いから何度も試作してでき上がった卵プリン。神戸元町に最初のお店をオープンした時から使っている、兵庫県たつの市の、ただまき農園さんの美味しい平飼い卵で作っています。
幼い頃、母がよく作ってくれたおやつもプリンでした。いつもマグカップで焼いてくれた、かたくて大きな黄色いプリン。
レシピは少々改良しましたが、素朴な味わいは、私の大好きだったプリンそのままです。

材料（160ccのプリンカップ6個分）

［カラメル］
さとう……60g
水……100cc
［プリン液］
卵……5個
牛乳……450cc
さとう……80g
バニラエッセンス……少々

～カラメルを作る～

①鍋にカラメルのさとうと水大さじ1（分量外）を入れ、中火にかける。まわりが茶色くなってきたら鍋をまわし、均一に色がつくようにする。
②全体が黒っぽくなってきたら火を止めて水を入れる。ぶくぶくとなるのが落ち着いたら再度中火にかけ、ゴムベラで混ぜながらとろみがつくまで煮詰める。
③6等分にしてプリンカップに注ぎ入れ、冷蔵庫で冷やしておく。

～プリン液を作る～

④ボウルに卵を割り入れ、泡立て器でよく溶いておく。
⑤小鍋に牛乳とさとうを入れて中火にかける。鍋肌がふつふつと沸いてきたら火を止め、よく混ぜてさとうを溶かす。
⑥④の卵液を泡立て器でかき混ぜながら⑤を少しずつ注ぎ入れ、バニラエッセンスも加えて混ぜる。
⑦ざるで漉し、6等分にして③のカップにゆっくり注ぎ入れる。

～焼成する～

⑧オーブンの天板に厚めのタオルを敷き、プリンカップをのせる。熱湯をカップの高さの1/4くらいになるまで天板に注ぎ、150℃のオーブンで25分蒸し焼きにする（カップをゆすって、表面全体が軽く揺れるくらいが焼けている目安）。
⑨冷めたら冷蔵庫で冷やし、カップを逆さにしてプリンを皿に移す。

第2章

毎日のおかずをルーティンに

野菜かえるだけレシピ

このおかずを別の野菜で作ったらどうなるだろう……。新しい料理が作りたくなると、野菜が大好きな私はいつも、何度も作っているお気に入りのレシピの材料をほかの野菜にかえて試作します。

たとえば、大きくカットしたにんじんに鶏の旨みがじんわりしみた手羽元のスープ煮は、にんじんではなくとうもろこしやズッキーニで。なすがお決まりになっているドライカレーは、たけのこやごぼうで。春巻きの具材も、まだ味わったことがないさつまいもや絹さやで。思い浮かんだ野菜が料理になじむように、少し下ごしらえを加えながら、一つまた一つと別の野菜で試してみるのです。すると、野菜がかわるだけで、いつものメニューが新たな美味しさに。しかも、旬の野菜を使えば、その季節ならではの味わいになります。

ここでは、野菜を入れかえるだけで何通りも楽しめる、食堂でもおなじみの人気メニューを紹介します。難しさは、5段階のうち1～3までの簡単なものばかり。いろいろな野菜で作って、ご自身の定番メニューにしてください。

肉巻き—照り焼き—
→ p.96

肉巻き

薄切り肉で野菜を巻いて
照り焼きにしたり
揚げたり蒸したり
食べ方いろいろ

難易度★★

肉巻き—フライ—

→ p.94

肉巻き—蒸し—

→ p.97

肉巻き断面カタログ

いろいろな野菜をくるくる巻いた肉巻きは、
カットすれば彩りも楽しめて、お弁当にもうれしいおかず。
野菜によって断面は七変化！ さあ、どれから作りましょう？

照り焼き

いんげん

塩ゆでしたいんげんを肉で巻いて照り焼きにした、ご飯のすすむ一品。生のまま5～6本巻いてフライにしても

照り焼き

ゴーヤ

ゴーヤは細切りにして塩でもみ、さっとゆでて苦味を和らげて。塩焼きで仕上げてコチュジャンダレを添えても

照り焼き

ごぼう

食べやすいように、ごぼうを薄味でやわらかく煮ておくのがポイント。照り焼きダレを合わせるので、下味は控えめに

照り焼き

かぼちゃ

大きめに切って蒸したかぼちゃを肉で巻いて照り焼きに。生のままスライスして巻き、フライにするのもおすすめ

フライ

オクラ

粘りが出てしまうので、切らずに丸ごとくるくる巻いていく。オクラの長さや太さがそろっていると巻きやすい

フライ

ズッキーニ

ズッキーニの美味しさがじわっと広がる、ジューシーな肉巻き。ズッキーニを太めに切り、じっくり揚げるのがコツ

フライ

たまねぎ

生のままくし切りか1cm幅の輪切りにし、しっかり巻いてフライに。照り焼きなら輪切りにして蒸し焼き風に

フライ

菜の花

さっと塩ゆでした菜の花を、汁気をしっかりきって束ねて。フライ、照り焼き、蒸し、どれも美味しく、彩りも鮮やか

照り焼き

さつまいも

細めのさつまいもを皮のまま丸ごと蒸して、ダイナミックに巻いた一品。手間なく作れてボリュームもたっぷり

照り焼き

にんじん

細切りのにんじんを生のまま巻いて、フライや蒸し焼きに。照り焼きなら、さっとゆでてから巻くと、ほどよい食感に

照り焼き

里いも

蒸してねっとりと美味しい里いもは、甘辛い照り焼きダレと相性抜群。ご飯にもお酒にもよく合う肉巻き

フライ

かぶ

みずみずしいかぶは生のまま巻いてじっくり揚げるのがおすすめ。時間短縮で仕上げるなら、下ゆでしてから巻いても

フライ

カリフラワー

大きめに切ったカリフラワーを巻いてフライに。コリコリの食感を残すように、まんべんなく返しながら揚げていく

フライ

ブロッコリー

火が通りやすいブロッコリーは、さっと揚げるのがポイント。色がきれいなのでお弁当の一品にも。蒸しても美味しい

フライ

キャベツ

キャベツは大きく切り分けて、さっと湯にくぐらせる程度の塩ゆでに。外側の葉で芯を包んで肉にのせると巻きやすい

フライ

白ねぎ

5cm長さに切ったねぎを食べやすい太さに数本束ねて肉で巻きフライに。蒸してポン酢といただくのもおすすめ

肉巻き／フライ

旬の野菜を豚肉で包んで美味しさを閉じ込めた、子どもも大好きな満足感のあるメニュー。揚げ物でもしつこくなくパクパクと食べられます。

オクラの肉巻き

材料（2人分）

オクラ……12本

＋

共通材料

豚バラ薄切り肉……4枚（100g）
塩・こしょう……各適量
［衣］
小麦粉・溶き卵・パン粉……各適量
揚げ油……適量

野菜の下準備

1 オクラはへたを切り落とし、ガクをひとむきする。

へたは先の方だけ切ればOK

このひとむきで口当たりも◎

2 豚肉を1枚ずつ広げ、しっかりと塩、こしょうをふる。端に①を3本ずつのせ、らせん状にきつめにしっかりと巻く。

オクラは細い方からくるくると

らせん状に巻くのがポイント

焦げやすいオクラやキャベツなどの葉物は、端まで肉で巻いて包む

天板にラップを

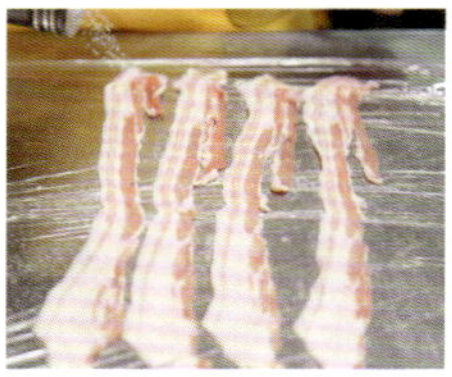

バラ肉の目安は1枚25g。天板にラップを敷いて肉を広げると巻きやすい

3

小麦粉、溶き卵、パン粉の順に衣をつける。

小麦粉は全体に
まんべんなく

溶き卵をむらなく
まとわせる

パン粉は
バットに広げておく

ひと握りのパン粉を
肉巻きにかける

手のひら全体で
パン粉をまぶす

再びまぶして、
全体にしっかりと
パン粉をつける

4

170℃の油に入れ、転がしながらきつね色になるまで3〜4分揚げる。

油がはねないよう、
表面にそっと

泡は小さく、
チリチリと高い音に

揚げ上がりの油は、
安全なところで上下にふって
しっかりきる

キャベツの肉巻き

材料（2人分）

キャベツ……1/4個（300g）

＋

共通材料

作り方

野菜の下準備

キャベツの葉は火が通りやすいようにばらし、さっと塩ゆでしたらざるに上げて冷ます。軸は薄切りにする。4等分にしてそれぞれ俵形に丸め、水気をしっかり絞る。

キャベツは
水っぽくなるので
ゆで過ぎに注意

肉巻き／照り焼き

甘辛い味わいがご飯によく合う肉巻きです。タレを絡めるので、塩とこしょうは軽めに。暑い時期はトマト、寒い時期は里いもがおすすめ。

ミニトマトの肉巻き

材料（2人分）

ミニトマト……8個

＋

共通材料

豚バラ薄切り肉……4枚（100g）
塩・こしょう……各少々
小麦粉……適量
照り焼きダレ（左記参照）……大さじ2〜3

照り焼きダレ

材料（作りやすい分量）

みりん……200cc
しょうゆ……100cc
さとう……大さじ2

作り方

① 鍋にみりんを入れ、強火にかけて煮切る。
② 弱火にしてしょうゆ、さとうを加え、吹きこぼれないように5分ほど煮詰める。

※冷蔵で約1か月間保存可能

野菜の下準備

1. ミニトマトはへたを取る。
2. 豚肉は半分の長さ（15〜20cm）に切って1枚ずつ広げ、軽く塩、こしょうをふる。
3. ②の端に①を1個ずつのせて巻き、丸く整えて小麦粉を薄くまぶす。

最後は手のひらで包むように

4. フライパンにサラダ油少々（分量外）を中火で熱し、巻き終わりを下にして並べる。転がしながら豚肉に火が通るまで3分ほど焼く。
5. キッチンペーパーで余分な油をふき取り、照り焼きダレを加えてとろみがつくまで煮絡める。

余分な油はふき取る

加熱し過ぎるとつぶれるので注意

里いもの肉巻き

材料（2人分）

里いも……大2個（150g）

＋

共通材料

作り方

野菜の下準備

里いもは皮をむき、半分に切って水にさらし、ざるに上げて水気をきる。蒸し器でやわらかくなるまで蒸したら冷ましておく。

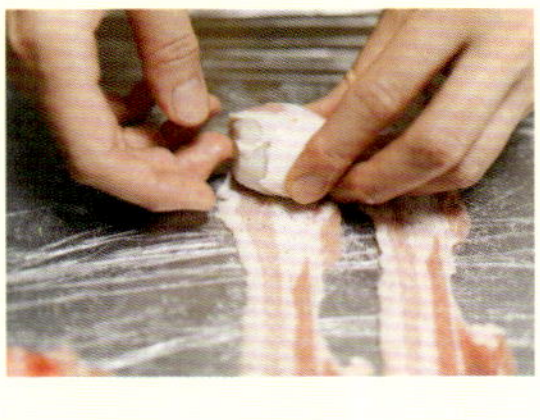

※巻く時は、豚肉1枚を使い、らせん状にきつめにしっかりと巻く。

肉巻き／蒸し

蒸し野菜と豚肉の旨みがマッチした、豚しゃぶ鍋感覚で味わえるあっさり肉巻き。皿ごと蒸してそのまま食卓に出せるので便利。

レタスの肉巻き

材料（2人分）
レタス……1/2玉（200g）
＋
共通材料
豚バラ薄切り肉……4枚（100g）
塩・こしょう……各適量

野菜の下準備

1. レタスは4等分にして、それぞれ丸めておく。
2. 豚肉を1枚ずつ広げ、しっかりと塩、こしょうをふる。
3. ②の端に①を1つずつのせ、らせん状にきつめにしっかりと巻く。

葉の両端を内側に
たたんで巻く

くずれないよう
しっかりと

4. 半分の長さに切り、切り口を上にして耐熱皿に並べて蒸し器に入れ、蒸気の上がった蒸し鍋において5分蒸す。
5. 皿に溜まった水分を捨て、お好みでねぎやポン酢を添える。

食卓に出す
皿に盛りつけて蒸す

水分を捨てる時は火傷に注意

なすの肉巻き

材料（2人分）
なす……2本（200g）
＋
共通材料

作り方
野菜の下準備
なすは縦6等分に切り、水にさらして水気をきっておく。巻く時は3本ずつのせる。

※④の蒸し時間は10分。

なす
ごぼう

ドライカレー

旬の野菜と
たまねぎ＆ひき肉を
調味料と炒めて仕上げる
スパイシーなメニュー

難易度★

→ p.100

ドライカレー

煮込まない手軽さがうれしい炒めカレーで、野菜ごとの歯応えや味わいが楽しめます。豚肉のコクが広がる濃いめの味とパンチのある辛さがクセになる美味しさ。

たけのこのドライカレー

材料（2人分）

ゆでたけのこ……200g
うすいえんどう（実）……50g

＋

共通材料

豚ひき肉……200g
たまねぎ……大1/2個（150g）
カレー粉……大さじ1
しょうが（みじん切り）……小さじ1
A
- ケチャップ……大さじ3
- みそ……大さじ1
- しょうゆ……小さじ1
- 塩……小さじ1/4
- こしょう……少々

ご飯……適量

野菜の下準備

1 たけのこは5㎜厚さのいちょう切りにし、穂先は縦に切る。うすいえんどうは、やわらかくなるまで塩ゆでしておく。たまねぎは粗みじんに切る。

縦に切ってから、穂先を切り分ける

トントンと、いちょう切りに

ざるに入れ、水気をきっておく

かもめ食堂のたまねぎの粗みじん切り

繊維に直角に8㎜厚さの半月切りにする

90度回転させて繊維に沿って切る

5㎜幅くらいで端から刻んでいく

2 フライパンにサラダ油大さじ1（分量外）としょうがを入れて弱火で熱する。香りが立ってきたら中火にし、①のたまねぎとメイン野菜を加えてじっくりと炒める。

しょうがの香りが出るまで待つ

たまねぎを加えてさっと炒める

メイン野菜もしっかり火を通す

3 豚肉も入れ、ほぐしながら火が通るまで炒めたら、カレー粉も加えて少し炒め、**A**を入れる。

豚肉を加え、ざっくり混ぜる

ヘラ先で手早く、細かくほぐす

Aを加えて、再び炒める

カレー粉＆みそは大さじ1ずつ

ケチャップは大さじ3、カレー粉＆みそは覚えやすい大さじ1ずつ。しょうゆ小さじ1と塩、こしょうで味を調える

4 **A**がなじむまで炒めたら弱火にし、蓋をして3分煮る。

5 器にご飯とともに盛って、うすいえんどうをちらす。

蓋をして
じっくり味をなじませる

3分煮たら、
ひと混ぜして完成

なすのドライカレー

材料（2人分）
なす……2本（200g）
枝豆（実）……50g
＋
共通材料

作り方
野菜の下準備
なすは2cm角に切って水にさらし、ざるに上げて水気をきっておく。枝豆はやわらかくなるまで塩ゆでしておく。

※⑤で枝豆をちらす。

ごぼうのドライカレー

材料（2人分）
ごぼう……大1本（200g）
青ねぎ……1本
＋
共通材料

作り方
野菜の下準備
ごぼうは5mm厚さの輪切りにして酢水にさらし、ざるに上げて水気をきっておく。青ねぎは小口切りにする。

※⑤で青ねぎをのせる。

その他の野菜　ほうれん草、大根、さつまいもでも美味しく作れます。煮込まないので、野菜は豚肉を加える前にしっかり炒めておくこと。短時間で火が通るように、それぞれ切り方を工夫してください。

さつまいも
菜の花
絹さや

春巻き

豚こまと野菜を
しっかり巻いて揚げる
かもめ食堂の
定番メニュー

難易度★★★

→ p.104

春巻き

パリパリとした皮が香ばしく、野菜がもりもり食べられる春巻きです。肉も野菜も思い切ってたっぷりのせて、皮でぎゅっと包みながら巻いていきます。

絹さやの春巻き

材料（4本分）
絹さや……80g
＋
共通材料
豚こま切れ肉……150g
A［しょうゆ……小さじ2
　 酒……小さじ1
片栗粉……小さじ1と1/2
ごま油……小さじ1
春巻きの皮（20×20cm）……4枚
水溶き小麦粉……適量
揚げ油……適量

野菜の下準備

1 絹さやは筋を取る。豚肉は1cm長さに切り、Aをもみ込んでからごま油、片栗粉も順に加えてもみ込む。

へたに包丁を入れ、すーっと引く

豚肉に下味をつける

2 春巻きの皮を1枚ずつ広げ、手前に角が来るようにおく。中央より手前に①の豚肉を1/4量のせ、その上に①の絹さやを1/4量のせる。手前、左、右の順に折りたたんで巻き、水溶き小麦粉で留める。同じようにして4本作る。

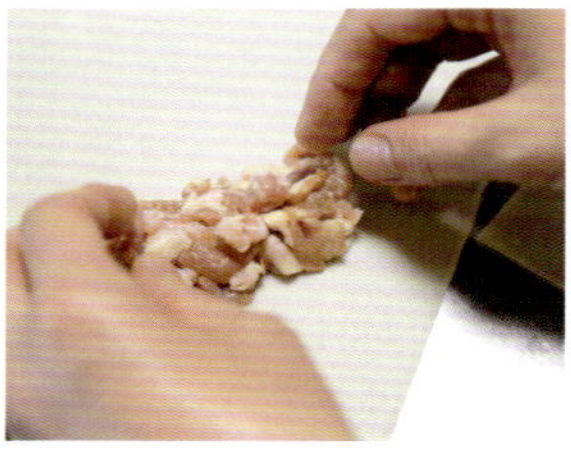
皮の角から5cmほどの位置に

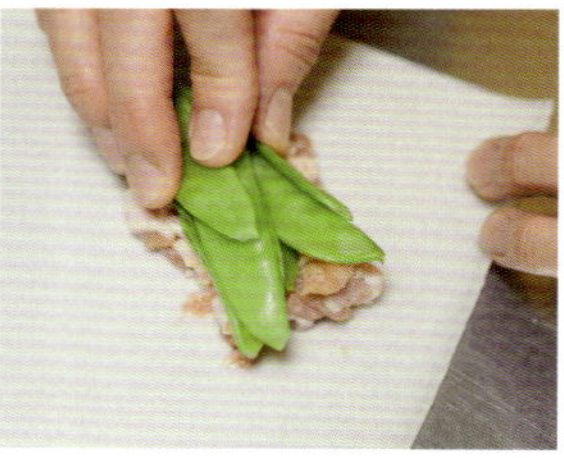
豚肉の上にメイン野菜をおく

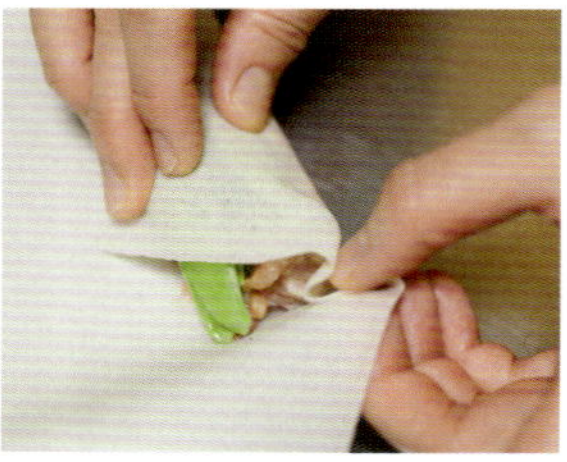
手前と左右の皮をたたむ

ゆるみが出ないようしっかり巻く

水溶き小麦粉を指先で取る

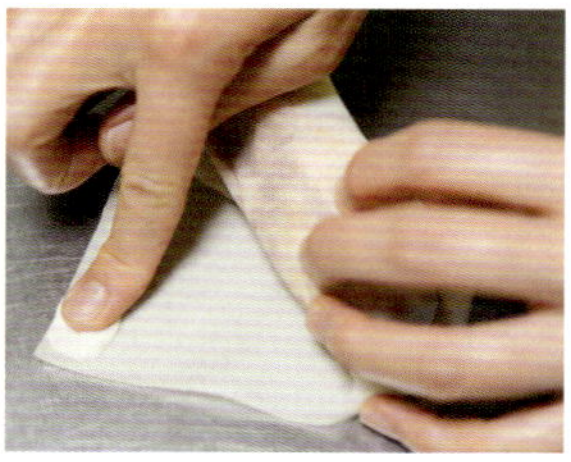
角に水溶き小麦粉をつけて留める

③

160℃に熱した油に入れたらすぐに返して弱火にし、転がしながら4〜5分揚げる。最後に強火にしてこんがり色づくまで30秒ほど揚げ、油をしっかりきって取り出す。

油がはねないようにそっと

全体にまんべんなく焼き色を

油はしっかりきる

鍋が小さい場合は、バットの上などで上下に10回ほどしっかりふって油をきる

トングで転がしながら揚げる

菜の花の春巻き

材料（4本分）

菜の花……1/2束（100g）

＋

共通材料

作り方

野菜の下準備

菜の花はさっと塩ゆでして冷水に取り、水気を絞って1cm長さに切る。

さつまいもの春巻き

材料（4本分）

さつまいも……120g

＋

共通材料

作り方

野菜の下準備

さつまいもは拍子木切りにして水にさらす。ざるに上げて水気をきり、蒸し器で火が通るまで蒸して冷ましておく。

その他の野菜　さいの目に切ったれんこん、枝豆、とうもろこしの実など、コロコロしたものも皮で巻けば揚げられます。少し難しいですが、肉の上にぎゅっと接着させるようにのせて巻いてください。

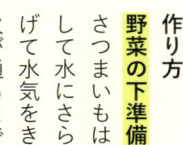

手羽元スープ煮

塩をもみ込んだ鶏肉と
ざく切り野菜を
鍋でコトコト
１品で栄養たっぷり

難易度★

→ p.108

にんじん

キャベツ

「手羽元スープ煮」

鶏肉、たまねぎ、季節野菜の
それぞれの旨みがスープに溶け込んだ、
疲れた時に元気になれる滋味あふれる一品。
蒸し煮にする要領で弱火で煮てください。

手羽元とうもろこしのスープ煮

材料（2人分）

とうもろこし……1本

＋

共通材料

手羽元……4本（300g）
たまねぎ……大1/2個（160g）
塩……小さじ1
こしょう……少々
A
- 水……3カップ
- 酒……1/2カップ

1 手羽元は保存袋などに入れ、塩をもみ込んで冷蔵庫でひと晩おく。

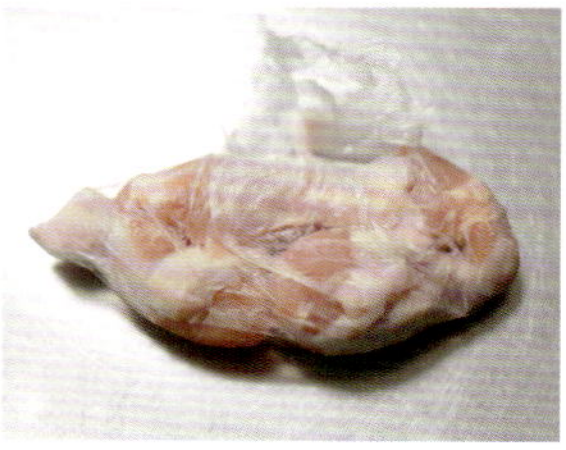

塩をもみ込み、ひと晩おくと
臭みが出にくく、
煮込んでもパサつかない

野菜の下準備

2 とうもろこしは皮をむき、皮は数枚をきれいに洗って水気をきっておく。実は長さを3等分に切ってから縦に4等分する。たまねぎは芯をつけたまま4等分のくし形に切る。

包丁で3等分に切る

かたい芯は、
体重をかけて切る

皮もだしになるので
取っておく

だしの出る
たまねぎはマスト！

たまねぎの芯は
つけたままでOK

3

鍋に①とAを入れて強火にかける。煮立ったらアクを取って弱火にし、蓋をして15分煮る。

まずは、手羽元だけで15分

4

②を加えてこしょうをふり、蓋をして、途中でとうもろこし（メイン野菜）の上下を入れかえながら、さらに15分煮る。

先にたまねぎを投入

こしょうをふり、野菜は途中で上下を入れかえる

味の出る皮も投入
（とうもろこしの場合のみ）

皮を入れる時は

のせるだけだとなじまないので、手で少し押さえつけてから蓋をする

5

お好みで塩を加え、味を調える。

合計30分ほど、
コトコト煮るだけで完成

手羽元とキャベツのスープ煮

材料（2人分）

キャベツ……1/4個（300g）

＋

共通材料

作り方

野菜の下準備　キャベツは芯をつけたまま2等分のくし形に切る。たまねぎは②と同様。

やわらかい
春キャベツで
作る時は
遅めに投入

手羽元とにんじんのスープ煮

材料（2人分）

にんじん……2本（400g）

＋

共通材料

作り方

野菜の下準備　にんじんは皮つきのまま横半分に切り、太い方は縦半分に切る。たまねぎは②と同様。

※太さによって火の通りが異なるので、④でかたいようなら、さらに5分ほど煮る。

その他の野菜　野菜なら何を合わせても美味しいですが、だしがよく出るたまねぎは必ず一緒に入れて煮てください。寒い季節は白菜、しょうがのせん切り、もち米を入れたサムゲタン風のアレンジもおすすめ。

そぼろ煮

歯応えのいい野菜を
ひき肉と炒めて
煮込むだけ
さっと食べたい日はこれ

難易度★

→ p.112

カリフラワー
ズッキーニ

そぼろ煮

忙しい日に便利な、短時間で作れる鶏肉のおかず。
ごま油としょうがの風味が食欲をそそり、
暑い季節は冷やして食べても美味しいです。
野菜の形と食感が残るように煮過ぎないこと。

ズッキーニそぼろ煮

材料（2人分）

ズッキーニ……1本（200g）

＋

共通材料

鶏ひき肉……100g

A
- だし汁……100cc
- しょうゆ……大さじ1と1/2
- 酒……大さじ1
- みりん……大さじ1
- さとう……大さじ1/2
- しょうが（すりおろし）……小さじ1/2

［水溶き片栗粉］
- 片栗粉……大さじ1/2
- 水……大さじ1/2

野菜の下準備

① ズッキーニは5cm長さに切り、縦に4〜6等分する。

5cm長さに輪切りする

立てて包丁を入れると
切りやすい

食べやすい大きさに
縦切りに

② 鍋にごま油小さじ2（分量外）を入れて中火で熱し、鶏肉を入れてほぐしながら手早く炒める。火が通ったら①も加えて炒める。

ごま油で香りよく

ヘラ先を使って
手早く炒める

野菜を入れて
さっと炒める

3
油がまわったら**A**を加えて弱火にし、蓋をして途中でざっくり返しながら5分煮る。

A を順に加えながらひと混ぜ

味をなじませるように

歯応えが残るよう煮込み過ぎずに

4
水溶き片栗粉を少しずつ加えてとろみをつけ、ひと煮立ちさせたら火を止める。

水溶き片栗粉を加えながら混ぜる

片栗粉にも火が通るように煮立たせる

少し冷まして、味もなじんだところで完成

カリフラワーそぼろ煮

材料（2人分）
カリフラワー……1/3株（200g）
＋
共通材料

作り方
野菜の下準備
カリフラワーは小房に分ける。

芯のみに包丁の先を入れて割る

長いもそぼろ煮

材料（2人分）
長いも……1/2本（正味200g）
青ねぎ（小口切り）……適量
＋
共通材料

作り方
野菜の下準備
長いもは1cm厚さの半月切りにして水にさらし、ざるに上げて水気をきる。

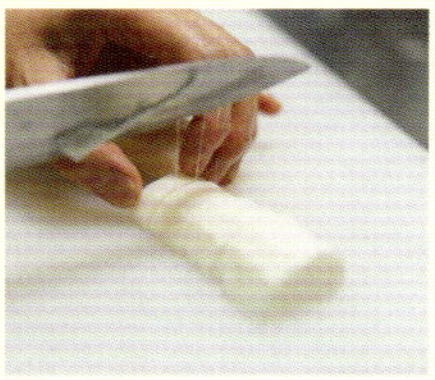

※最後は器に盛り、青ねぎをのせる。

その他の野菜	なすやキャベツでも美味しいです。寒い季節は里いもや大根もおすすめですが、火が通りにくいので、下ゆでしてから加えてください。

しゅうまい

特別な具材は使わず
お好みの旬野菜に
片栗粉をまぶして加え
もちもちした食感に

難易度★★

→ p.116

しゅうまい

たまねぎを入れた甘めの肉だねで作る、もっちりとした大きなしゅうまいです。混ぜ込む野菜を小さな角切りにすると、火が通りやすく風味や食感も楽しめます。

セロリのしゅうまい

材料（10個分）

セロリ……100g

＋

共通材料

豚ひき肉……100g
たまねぎ……25g
片栗粉……大さじ2
A しょうが（みじん切り）……小さじ1/2
　みりん……大さじ1/2
　しょうゆ……大さじ1/2
　ごま油……小さじ1
　塩……小さじ1/4
しゅうまいの皮……10枚

野菜の下準備

1 セロリは8mm角に切り、片栗粉をまぶしておく。

セロリは皮ごと使い、8mm幅に

味わいと火の通りがよい8mm角がベストサイズ

片栗粉が野菜の水分を吸収

2 たまねぎはみじん切りにする。

かもめ食堂のたまねぎのみじん切り

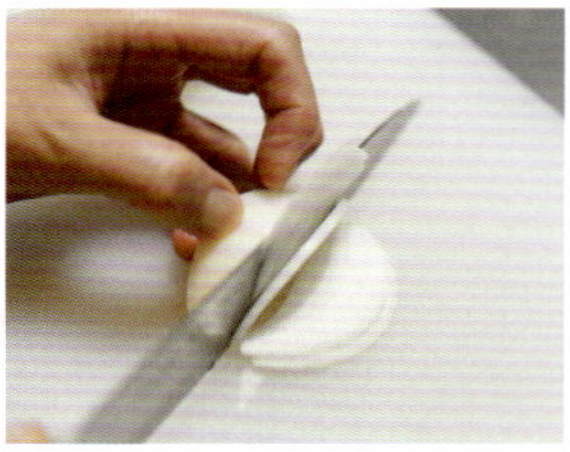

繊維に直角に半月の薄切りにする

90度回転させて繊維に沿って端から刻んでいく

3 ボウルに豚肉、たまねぎ、**A**を合わせてよく練る。①を加え、片栗粉がはがれないようにさっくりと混ぜる。

ゴムベラなどでさっくり混ぜる

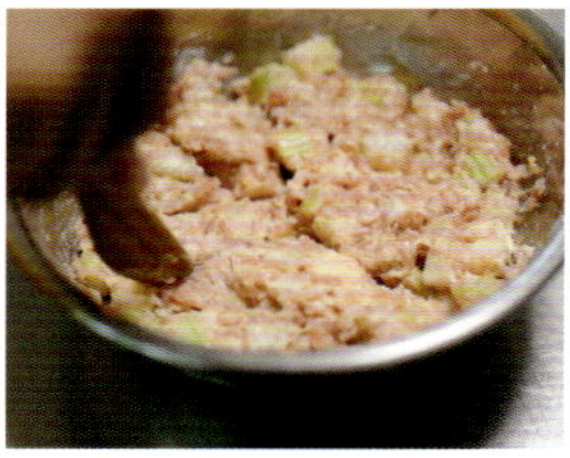

少し大きめの野菜が存在感も◎

4

③を10等分にして1枚ずつしゅうまいの皮で包む。蒸し器にオーブンシートを敷いてしゅうまいを並べ、蒸気の上がった蒸し鍋において、強火で10分蒸す。

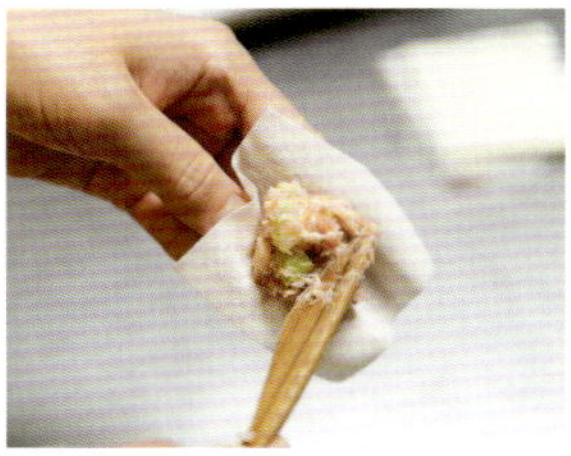

ヘラなどで皮の中央に具をのせる

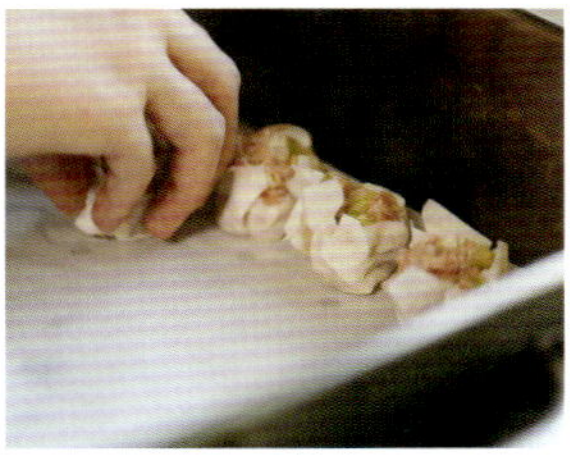

包み込むように握り、円柱状に

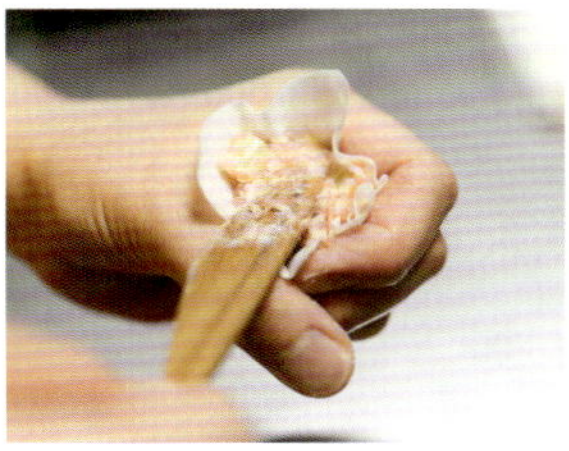

親指と人差し指で輪を作る

器にレタスなどを敷いてしゅうまいをのせて蒸し、そのまま食卓に出しても

5

器に盛り、お好みでしょうゆやポン酢を添える。

かぼちゃのしゅうまい

材料（10個分）

かぼちゃ……100g

＋

共通材料

作り方

野菜の下準備

かぼちゃは8㎜角に切り、片栗粉をまぶしておく。

大根のしゅうまい

材料（10個分）

大根……100g

＋

共通材料

作り方

野菜の下準備

大根は8㎜角に切り、片栗粉をまぶしておく。

水気を吸う片栗粉をまぶして皮の食感をキープ

その他の野菜	8㎜角に切ったれんこんやキャベツをはじめ、とうもろこしの実や残った根菜を活用するのもおすすめ。余った皮はラップに包んで冷凍保存できるほか、みそ汁やスープに入れても。

かもめ食堂のおせち

毎年年末になると、おせち料理を作ります。
クリスマスの翌日から1日に2、3品ずつ、
いつも変わらないお決まりのメニューですが、
これがないと、やっぱりお正月は迎えられません。
まずは、日持ちのする田作りがトップバッター。
続けて、なますやたたきごぼうなどの酢の物を。
28日には牛肉のたたきを作って冷凍し、
29日には栗きんとん、黒豆、鶏の八幡巻き煮。
そして、30日は錦たまごとえびの旨煮を作り、
最後の31日に一番日持ちのしない煮しめを作ります。
六甲時代は一人分のおせちを何個も販売していましたが、
今は家族でいただく分だけ作り、重箱に詰めています。
元旦、座敷に座りお重の蓋をそっと開けると、
ほっとした気持ちとうれしさが、
じわじわと込み上げてきます。
新年を無事に迎えられたことに感謝しながら、
ゆっくりゆっくり味わいます。

重詰めはいつも大晦日の夜。冷蔵保存しておいた料理を一つひとつ取り出して、彩りを見ながら盛りつけていく。お弁当と同じく煮汁はしっかりきって。黒豆やなますなど細ごまとしたものは小鉢ごと盛り込み、仕上げに庭の南天を飾る

おせちの中でも私が一番好きでいつもがんばって作るのは煮しめ。だって、こんなに丁寧に野菜を別々に煮ることは普段しないから。三が日が過ぎたら、残った煮しめでちらし寿司を作る。しいたけ、れんこん、にんじん、全部刻んで酢飯に混ぜればあっという間にでき上がり。毎年煮しめをたくさん作るのは、このちらし寿司が食べたいからでもある

黒豆

日持ち

冷蔵で５日間

つるんとツヤのある仕上がりで、あっさり上品な甘さの黒豆です。煮ている間に豆が浮いてきたら、その都度水を足してください。さび釘を入れると、より黒く仕上がります。

材料（作りやすい分量）

黒豆（乾燥）……２カップ（３００g）

A
- 水……10カップ
- さとう……２５０g
- しょうゆ……1/4カップ
- 塩……大さじ1/2
- 重曹……小さじ1/2

①黒豆は洗ってざるに上げ、水気をきっておく。

②大きめの鍋に**A**を煮立てて、さとうが溶けたら火を止める。熱いうちに①を入れ、ひと晩おく。

③②を強火にかけ、煮立ったらアクを取ってごく弱火にする。紙蓋と鍋蓋をして、やわらかくなるまで3時間ほど煮る。煮汁につけたまま1～2日間おいて味を含ませる。

たたきごぼう

日持ち

冷蔵で５日間

ごぼうは米のとぎ汁でゆでて、アク抜きをしておきます。すりこぎでまんべんなくたたいてやわらかくすることで、調味料がなじみやすくなります。

材料（作りやすい分量）

ごぼう……１本（２００g）

A
- 白すりごま……大さじ3
- さとう……大さじ2強
- 酢……大さじ2強
- 酒……大さじ1
- しょうゆ……大さじ1

①ごぼうはタワシで洗い、鍋に入る長さに切る。

②鍋に①と米のとぎ汁（分量外）を入れ、竹串がすっと通るやわらかさになるまで、5分ほどゆでたら水に取って冷ます。

③ごぼうの水気をふき取り、すりこぎで軽くたたく。太いものは縦半分に切ってから4～5cm長さに切る。

④ボウルに**A**を合わせ、ごぼうを入れて和える。

紅白なます

日持ち

冷蔵で１週間

八方甘酢　日持ち

冷蔵で６か月

見た目をきれいに仕上げたいので、
大根とにんじんを切る時は
同じ長さ＆細さになるように。
八方甘酢は酢の物全般に使えるので、
まとめて作っておくと便利です。

材料（作りやすい分量）
大根……３００g
にんじん……30g
八方甘酢（下記参照）……１００cc

①八方甘酢を作っておく（下記参照）。
②大根とにんじんは５cm長さのせん切りにする。ボウルに入れ、塩小さじ１（分量外）を加えてもむ。
③②の水気が出てしんなりしたら洗い、水気を絞って八方甘酢で和える。

八方甘酢

材料（作りやすい分量）
酢……１と1/2カップ
みりん……1/2カップ
さとう……大さじ４
塩……小さじ1/3

①鍋にみりんを入れ、中火にかけて煮切る。
②その他の調味料を加えて手早く混ぜ、さとうと塩を溶かしたら火を止めて冷ます。

田作り

日持ち

冷蔵で１か月

調味液にサラダ油を加えると、
ごまめ同士がくっつかなくなり
ツヤも出るのでおすすめ。
ごまめは加熱すると水蒸気が出るので、
皿にキッチンペーパーを敷いておきます。

材料（作りやすい分量）
ごまめ……35g
A
さとう……大さじ２と1/2
しょうゆ……大さじ２
みりん……大さじ１
B
酒……小さじ１
サラダ油……小さじ１

①ごまめは、くっついているものを離し、バラバラにしておく。耐熱皿にキッチンペーパーを敷いてごまめを並べ、電子レンジ６００Wで１分加熱する。さらに、焦げないように10秒ずつ様子を見ながら、手でポキッと折れるくらいまで何度か加熱する。
②鍋に**A**を煮立てて少しとろみがついたら中火にし、**B**を加えて混ぜる。ごまめを加え、手早く煮絡める。

えびの旨煮

日持ち

冷蔵で５日間

お正月にふさわしい華やかな一品。
竹串でえびの背わたを取り除く時は、
背中側に竹串を刺してすくい取ります。
煮汁に浸したままで冷蔵保存し、
だしの味をしっかりなじませてください。

材料（作りやすい分量）

えび（有頭・殻つき）……10尾

A
- だし汁……1/2カップ
- 酒……1カップ
- みりん……大さじ2
- しょうゆ……大さじ2

①えびは竹串を使って背わたを取り除き、洗って水気をきる。

②鍋に**A**を入れて中火にし、煮立ったらえびを入れる。えび全体が赤くなるまで3〜5分煮たら取り出し、煮汁と別々に冷ます。

③煮汁が冷めたらえびを戻して浸し、冷蔵庫でひと晩おく。

④煮汁をきって皿や重箱に盛りつける。

錦たまご

日持ち

冷蔵で５日間

上品な甘さとほろほろとした食感、
鮮やかな黄色がお重に彩りを添えます。
見た目がふんわりとなるように、
残りの1/3の黄身はふわっとのせて。
流し缶がない場合は、
保存容器にラップを敷いても作れます。

材料（11×14×5cmの流し缶1台分）

ゆで卵……6個

A
- さとう……大さじ4
- 片栗粉……小さじ1/2
- 塩……小さじ1/6

B
- さとう……大さじ1と1/2
- 片栗粉……小さじ1/2
- 塩……少々

①卵は黄身と白身に分ける。

②黄身はざるなどで裏ごししてボウルに入れ、**A**を加えて混ぜる。

③白身は黄身がついていたら洗い落とし、水気をふき取る。フードプロセッサーに入れてなめらかになるまで撹拌し、**B**を加えて混ぜる。

④流し缶にオーブンシートを敷き、③を流し入れてきっちり詰める。②の2/3をのせて隙間なく敷き詰め、残りの1/3はふわっとのせて隅々まで広げる。

⑤蒸し器に④を入れて15分蒸し、冷めたら缶を外して好みの大きさに切り分ける。

鶏の八幡巻き煮

日持ち

冷蔵で5日間

しっとりやわらかい鶏肉のごちそう。中心部のごぼうとにんじんは歯応えがあり、お肉と一緒に味わうと満足感があります。くずれないようにたこ糸で縛って固定し、レンジで加熱して味を含ませます。

材料（作りやすい分量）

鶏もも肉……大1枚（300g）
ごぼう……適量
にんじん……適量

A
水……1/2カップ
酒……1/2カップ
しょうゆ……大さじ2
さとう……大さじ1
うす口しょうゆ……小さじ2

①鶏肉は厚みのある部分に包丁で切り目を入れて開き、厚みを均等にする。

②ごぼうは鶏肉の長さに切ってから1cm角の棒状に2本切り、水にさらしたら水気をきっておく。にんじんも同じ大きさの棒状に2本切っておく。

③鶏肉の中心に②をのせて巻き、しっかりとたこ糸で縛る。鶏肉がちょうど収まる大きさの耐熱容器に入れる。

④小鍋に**A**を煮立てて③に注ぎ、軽くラップをかぶせる。電子レンジ600Wで、途中で何度か上下を返しながら10分加熱する。

⑤そのまま冷まし、ひと晩おいて味を含ませたら、1cm厚さに切り分ける。

牛肉のたたき

日持ち

冷蔵で3日間

ほんのりしょうが風味でお酒もすすむ一品。盛りつける時に食べる分だけ薄く切り、残りは漬け汁には戻さずにラップに包んで。冷凍保存の場合も汁をきってラップに包み、半解凍の状態で切り分けます。

材料（作りやすい分量）

牛ももかたまり肉……300g

A
酒……大さじ2
みりん……大さじ2
しょうゆ……大さじ2
にんにく（すりおろし）……小さじ1
しょうが（すりおろし）……小さじ1

①牛肉は室温に戻し、塩、こしょう各少々（分量外）をすり込んで10分おく。

②小鍋に**A**を煮立てたら火を止め、冷ましておく。

③フライパンにサラダ油少々（分量外）を入れて中火で熱し、牛肉を全面1分ずつ焼く。熱いうちにアルミ箔で二重に包み、冷めるまでおく。

④保存袋を用意し、②とともにアルミ箔から取り出した牛肉を入れて空気を抜き、冷蔵庫でひと晩おく。

⑤保存袋から牛肉を取り出し、漬け汁をきって薄く切り分ける。

色鮮やかでしっかり甘いきんとん。
さつまいもは水にさらしてアクを抜き、
厚く皮をむくことで
皮の近くの繊維や黒く変色する色素を
丁寧に取り除いておきます。
よりなめらかに仕上げたい時は、
すりこぎでつぶさずに
少しずつ裏ごししてください。
冷めるとかたくなるので、
やわらかく仕上げておきます。

材料（作りやすい分量）
さつまいも……４００g
（※皮ごとで６００g）
栗の甘露煮……10粒
A［栗の甘露煮の漬け汁……50cc
さとう……50g
塩……ひとつまみ
くちなしの実……１個

①さつまいもは３㎝厚さの輪切りにして厚く皮をむき、水に10分さらしたらざるに上げる。くちなしの実は半分に割り、ガーゼで包む。
②鍋に栗の甘露煮を漬け汁ごと入れて中火にかけ、栗に火を通しておく。
③別の鍋にさつまいもと①のくちなしの実を入れ、かぶるくらいの水を入れて強火にかける。煮立ったら弱火にし、さつまいもがやわらかくなるまで煮る。
④くちなしの実をガーゼごと取り出し、ゆで汁２００ccを取りおいて残りの汁は捨てる。さつまいもが熱いうちに、鍋の中ですりこぎでつぶす。
⑤**A**を加え、ゆで汁も戻し入れて弱火にし、絶えず混ぜながら10分ほど煮る。とろりとした状態になったら火を止め、②の栗の汁気をきって加え、ざっくり混ぜる。

煮しめ

日持ち

冷蔵で３日間

別々に煮ることで、
素材の色や味がにごらずに、
歯応えも絶妙に仕上がります。
調味料のお酒は
惜しまずにたっぷりと入れて、
まろやかな味わいの煮汁に。
こんにゃく、しいたけ、ごぼうは
味を含みにくいので、
お好みでしょうゆとみりんを
足してください。

材料（作りやすい分量）

れんこん……1節（150g）
にんじん……1本（150g）
ごぼう……1/2本（100g）
里いも……8個
干ししいたけ……8枚
こんにゃく……1枚（250g）
絹さや……10枚

A
だし汁……6カップ
みりん……1/3カップ
さとう……1/3カップ
酒……1/4カップ
しょうゆ……大さじ2
うす口しょうゆ……大さじ2

①鍋に**A**を入れ、ひと煮立ちさせたら火を止める。

②れんこんは皮をむいて5分ほど塩ゆでしたら酢水にさらし、1㎝厚さの輪切りにして水気をきっておく。

③にんじんは1㎝厚さの輪切りにする。

④ごぼうは皮ごとタワシで洗い、5㎜厚さの斜め切りにし、熱湯で2分ゆでて水気をきっておく。

⑤里いもは皮をむいてボウルに入れ、塩少々（分量外）をまぶしてもんで、ぬめりを洗い流す。熱湯で2分ゆでて水に取り、粗熱が取れたら水気をきっておく。

⑥干ししいたけはぬるま湯で戻し、水気を絞って軸を切り落とす。

⑦こんにゃくは1㎝幅の短冊に切り、中央に2㎝ほどの切り込みを入れる。端をくぐらせて手綱の形にし、熱湯で1分ゆでて水気をきっておく。

⑧絹さやは筋を取り、さっと塩ゆでしてざるに上げ、冷ましておく。

⑨①をひたひたに注いで中火にし、②～⑦をそれぞれ別々に小鍋に入れ、落とし蓋をして少し煮詰めるように煮る（途中で混ぜないで中火のまま煮る）。それぞれ火が通ったら火を止め、そのまま冷まして味を含ませる。

⑩皿や重箱に盛り合わせ、⑧の絹さやを飾る。

おわりに

西脇に移住してから、日々のおかず作りに加えて保存食もよく作るようになりました。

梅干しやみそ、漬け物をはじめ、庭で採れたみかんはジャムに、どんどん増えていく紫蘇はゆかりになります。

自分のところのものだけでなく、ご近所さんからたくさん採れた野菜をおすそ分けしてもらったり、農家さんから規格外のものを手頃な価格で分けてもらったり、旬のものがたくさん手に入ることに加えて、保管場所があること、時間にゆとりができたことも保存食を作るようになったきっかけです。

まだまだベテランではないので、毎年それぞれの季節になると作り方を忘れていて、いつものレシピノートや料理本を開くところから。せっせと皮をむいたり種を取ったりと、仕込みに手間がかかるものも多いですが、保存食って、ちょっとあるだけで食卓のアクセントになったり、華やかになったり、うれしいものですよね。豊かさの象徴だと思います。

そんな保存食が作れるのはとても贅沢なこと。ここ数年は記録的な猛暑や集中豪雨など、異常気象で野菜不足も深刻です。かもめ食堂の料理は野菜が主役なので、献立作りも大変ですが、伝統野菜にも興味を持って扱い方を覚えたり、今ある野菜を飽きずに食べてもらえるように料理の幅を広げたり、楽しみながらやりくりしています。

いい年も悪い年も、春夏秋冬を自然とともに、自然を感じながら、丁寧にお店と暮らしを営んでいきたいと思います。

船橋律子（ふなはし・りつこ）

飲食店の勤務を経て、2008年に神戸元町で「かもめ食堂」をオープン。イートインスタイルで楽しめる野菜たっぷりの「かもめ定食」のほか、季節の野菜やおそうざい、お弁当のテイクアウトを始める。2015年に六甲へ移転し、「お惣菜セット通販」も開始。2021年には、兵庫県西脇市へ移転。自然豊かな環境のもと、旬の野菜の美味しさが味わえる店には、全国からその味を求めて多くの人が集う。著書に『六甲かもめ食堂の野菜が美味しいお弁当』『六甲かもめ食堂 野菜が美味しい季節の献立』（ともに誠文堂新光社）がある。

かもめ食堂

〒679-0302　兵庫県西脇市黒田庄町黒田1590-37

HP　https://kamomeshokudo.com/

Instagram　@kamomegohan

撮影
竹田俊吾（竹田写真館）

スタイリング
上良美紀

ブックデザイン
渡部浩美

取材・文
山形恭子

イラスト
窪田靖子

編集
鈴木理恵

料理協力
窪田靖子・船橋政美（かもめ食堂）

旬《しゅん》の素《そ》材《ざい》を使《つか》い切《き》る 懐《なつ》かしいのに初《はじ》めての味《あじ》

かもめ食《しょく》堂《どう》
野《や》菜《さい》が美《お》味《い》しい季《き》節《せつ》のおそうざい

2025年4月18日　発　行　　NDC596

著　　者　船《ふな》橋《はし》律《りつ》子《こ》

発 行 者　小川雄一

発 行 所　株式会社 誠文堂新光社

〒113-0033 東京都文京区本郷 3-3-11

https://www.seibundo-shinkosha.net/

印刷・製本　TOPPANクロレ 株式会社

ISBN978-4-416-52463-3